Σ BEST シグマベスト

専門学校受験

看護医療系の現代文

貝田桃子 編著

これで合格

文英堂

はじめに

「現代文って、どんな勉強をすれば点数が取れるのかな」「記述問題が難しくて、苦手だな」という声をよく聞きます。

本書では、看護医療系の専門学校を目指すあなたと、**現代文の基礎**からじっくりと、一緒に勉強していきます。また、**設問パターンごとに考え方・解き方**を学んでいきますので、「勉強方法がわからない」と悩むことはなくなります。

本書のよいところを**三点**にまとめてみました。

1 「**読解の基本**」や「**答えるときの基本ルール**」で、評論、小説、随筆など、どんなジャンルの問題が出ても身につけておくべき心構えや答え方を学ぶことができます。

2 「**あらすじをまとめよう！**」では、実際に言葉を書き込み、文章の内容をしっかりと頭に入れることができます。

3 「**ココに注目**」→「**考え方の図式**」→「**つまり！**」（まとめ）→**正解**、という流れで進んでいくので、自分がどこでわからなくなってしまったかが、はっきりとわかります。

看護医療の分野で自分の能力を生かそうと思っているあなたが、本書で勉強してくれることを誇りに思います。どうかあなたの夢がかないますように。

この本の特色と活用法

解けない人でも、大丈夫。ポイントを押さえて得点力アップ。

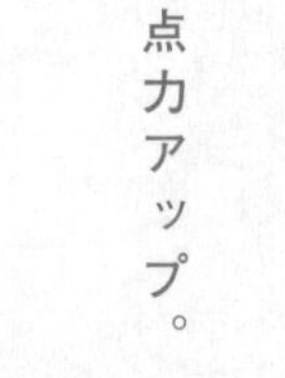

構成 二つのStage

Stage1 現代文読解の基礎知識

実際の問題に取り組む前に押さえたいものをまとめました。評論、小説、随筆それぞれの「読解のポイント」や「答えるときに気をつけたいルール」を取り上げています。

Stage2 設問パターンごとの考え方と解き方

「傍線問題」「空欄補充問題」「記号選択問題」「記述問題」など、設問パターンごとに考え方・解き方を解説しています。最後はすべてのパターンが入った「総合問題」となっています。

おもな構成要素

導入とまとめ

各Stageは、itemという単位に分かれています。それぞれのitemは、先生からの導入の言葉で始まります。そのあと、Stage1では、そこで学ぶ「重要事項のまとめ」が続きます。Stage2では、空欄に言葉を書き込みながら、別冊「**問題編**」の問題文の「あらすじ」をまとめられるようになっています。ここで、これから学ぶことを大まかにつかんでおきましょう。

ワンポイント

知っているとプラスになる事柄や、改めて確認しておきたいことをまとめています。

ここにチューイ!!

問題を解くときにミスしやすい点など、気をつけてほしいことをまとめています。

語句の意味

別冊「**問題編**」の問題文の中で、特に覚えておきたい語句を取り上げ、意味を載せています。重要な語句ばかりなので、しっかり覚えてください。

ココに注目

別冊「**問題編**」の問題文の中で注目したい部分や、改めて確認したい設問などを取り上げています。

考え方の図式

答えを導くために、図式化して整理しています。

つまり!

答えを導くために注目すべき点をまとめています。

確認

一度説明した事柄や、意味を確認しておきたい語句を取り上げています。

プラスα

解説に付け加えて、覚えておいてほしい事柄を取り上げています。

くわしく

解説に付け加えて、よりくわしく説明しておきたい事柄を取り上げています。

Contents

Stage1

現代文読解の基礎知識

item

1 読解の基本 …… 8

2 答えるときの基本ルール …… 18

Stage2

設問パターンごとの考え方と解き方

item

1 接続語・指示語の問題 …… 32

2 傍線問題 …… 44

3 空欄補充問題 …… 60

4 抜き出し問題 …… 72
5 記号選択問題 …… 86
6 記述問題 …… 102
7 小説の問題 …… 118
8 総合問題【評論】 …… 132
9 総合問題【小説】 …… 156

別冊「**問題編**」

Memo

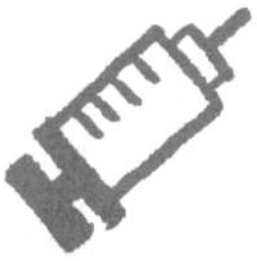

現代文読解の基礎知識

これで合格

Stage 1

問題に
取り組む前に
押さえたい
ポイントです

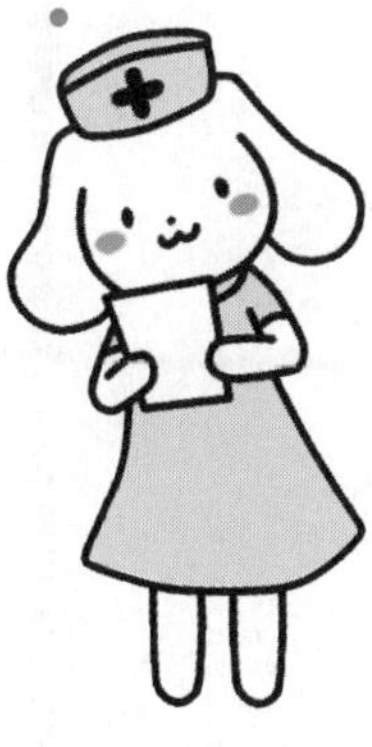

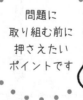

item 1

読解の基本

実際の問題に取り組む前に、

○「評論」「小説」「随筆」の違い

○「評論」「小説」「随筆」を読むときに、どんなことに気をつければよいか

を簡単に押さえておきましょう。

看護医療系の入試では、どちらかというと「小説」よりも「評論」の方が多く出題される傾向にあります。

また、「評論に近い随筆」もよく出題されます。「評論」ほど硬い文章ではなく、「教育」「看護」「人間」などのテーマが筆者の体験や見聞を通じて述べられるものです。

なお、学校によって**出題傾向が大きく異なる**ので、過去に出題された問題を見て、志望校の傾向を調べておくようにしましょう。

読解の基本のまとめ

❶「評論」「小説」「随筆」の違い

1 「評論」とは

……筆者が自分の意見（言いたいこと）を主張するための文章。

2「小説」とは

……ある場所で、ある登場人物が何かをしたり、何らかのできごとが起こったりして話が進む文章。

3「随筆」とは

……筆者が過去に体験したできごとと、それに対して筆者が思ったことなどが書かれている文章。

❷「評論」読解のポイント

1 **話題(テーマ)**をとらえる……その文章を「○○について述べた文章である」とまとめる。

2 話題についての、**筆者の主張**をとらえる……話題について「○○は□□である」と一文でまとめる。

3 **構成**をとらえる……話の変わり目に注意して、論の展開をとらえる。

❸「小説」読解のポイント

1 **心情の移り変わり**をとらえる……心情語、登場人物のセリフ・動作、周りの情景に気をつける。

2 **主題**をつかむ……心情が一番大きく変化した人に注目する。

3 **構成**をとらえる……登場人物・場所・時間の変化に注目する。

❹「随筆」読解のポイント

1 **筆者の心情の変化**をとらえる……体験を通じて変化していく筆者の心情をとらえる。

2 **筆者の心情の根拠**をとらえる……筆者の心情に影響を与えた体験をとらえる。

読解の基本❶

「評論」「小説」「随筆」の違い

まず、**「評論」「小説」「随筆」の違い**を簡単に押さえておきましょう。

①「評論」とは

筆者が**自分の意見（言いたいこと）**を主張するための文章。

「評論」では、**筆者の意見（言いたいこと）を読み取る**ことが何より重要になります。常識や一般論を「本当にそうか？」と疑い、新しい考え方を提示することもあります。

また、筆者があらかじめ、自分の考えを組み立てるために、作戦を立てて書いているので、**論理的に筋道立てて述べられた文章**となっています。

なお、「評論」では、文章をわかりやすくするために、**具体例**を挙げることが多くあります。**筆者の意見と具体例を区別して読む**ようにしましょう。

②「小説」とは

ある**場所**で、ある**登場人物**が何かをしたり、何らかの**できごと**が起こったりして話が進む文章。

「小説」は、**「登場人物」「場面」「事件」**で成り立っています。つまり、**「誰が」「いつ・どこで」「何をしたか」を初めに押さえる**ようにしましょう。

「随筆」は「エッセイ」とも言うよ。
「評論」「小説」「随筆」の違いはわかったかな？

また、「小説」で一番重要なことは、**登場人物の心情をとらえる**ことです。心情をとらえる準備として、次の**五つの要素**に注目してみましょう。

① **登場人物**……誰が登場するのか。
② **背景**……時代や場所、社会状況など。いつ、どこで、どんな状況のもとで起こったものなのか。
③ **できごと→筋《すじ》**……どんなできごとが起こるのか。
※いくつかのできごとが重なって、小説の筋（ストーリー）ができあがる。
④ **心情**……登場人物の心情はどうなのか。その心情はどう変化していくのか。
⑤ **主題（テーマ）**……作者が小説を通して一番伝えたいことは何なのか。

3 「随筆」とは
筆者が過去に**体験したできごと**と、それに対して筆者が**思ったこと**などが書かれている文章。

「随筆」は小説家や評論家だけではなく、いろいろな職業・立場の人が、見たり、聞いたり、行動したりした**体験**と、その体験を通じてどのように感じたかという**心情・感想**が書かれています。

「随筆」では、そうしたさまざまな立場にある**筆者に影響を与えたできごと**と、**それに対する筆者の感想**の二つに注意することが重要です。

また、「随筆」は、すべて**筆者の視点で書かれている**ことに注意しましょう。

読解の基本❷
「評論」読解のポイント

では、次に**「評論」読解のポイント**を見ていきましょう。

1 話題(テーマ)をとらえる
その文章を**「○○について述べた文章である」**とまとめる。

その文章が、**何について書かれた文章なのか**、をとらえます。**初めの一～二段落**に特に注意しましょう。**初めの方に繰り返し出てくる言葉**がポイントとなることがあります。

問題文の書名(出典)も、話題をつかむ手がかりになります。

「○○について述べた文章である」とまとめられればいいですね。「情報について」「生き方について」のように、大きなとらえ方で十分です。

2 話題についての、筆者の主張をとらえる
話題について**「○○は□□□である」**と一文でまとめる。

話題について筆者が一番言いたいことは何か、をとらえます。**最後の一～二段落**に特に注意しましょう。最後の方の段落で筆者の意見がまとめられることが多くあります。もちろん、場合によっては、初めに意見をまとめて述べていることもあります。

「評論」では、まず、その文章の〝話題〟をとらえましょう。

話題について**「○○は□□□である」**と一文でまとめられれば、OKです。
「情報は人間から考える力を奪う」のように、一文でまとめられないか考えてみましょう。

3 **構成**をとらえる
話の変わり目に注意して、論の展開をとらえる。

「このへんで具体例をもってきているな」「ここからは理由を述べているな」など、大ざっぱでよいので、**話の切れ目に注意**しましょう。そのためには**接続語**に注目します。

「たとえば」とあれば、ここから**具体例**が始まります。
「なぜなら」とあれば、ここから**理由**が述べられます。
「つまり」とあれば、**ここまでの話のまとめ**が述べられます。
「しかし」とあれば、それまでの流れとは**逆の流れ**が始まります。
「ところで」とあれば、**話の流れが大きく変わる**可能性があります。

また、**「これ」「それ」「この」「その」**などの**指示語**にも注目するようにしましょう。

ワンポイント

「評論」では、**接続語・指示語に注目して、話の変わり目をとらえる！**

読解の基本❸

「小説」読解のポイント

「情景」とは、人の心に何かを感じさせるような景色や場面のことです。

8ページでも述べましたが、看護医療系の入試では、「評論」に比べると「小説」の出題は少なめです。それぞれの学校によって特徴があるので、**志望校の出題の傾向**を調べておきましょう。

「小説」では、**登場人物の心情をとらえる**ことが一番重要です。そして、**登場人物の心情の移り変わりに注目しながら読み進める**ことがとても大事になります。なぜなら、**登場人物の心情の変化が主題（テーマ）に結びついている**からです。

> ① **心情の移り変わり**をとらえる
> **心情語、登場人物のセリフ・動作、周りの情景**に気をつける。

心情の移り変わりをとらえるには、次の**四点**に注目します。文章の中に、次のような**心情語、セリフ、動作、情景**が出てきたら、**線を引いておきましょう。**

① **心情語**（「〜と思った」「〜と気づいた」と直接書かれている部分、喜怒哀楽などの直接的な表現）

例 手を上げたのが自分一人だと知って、恥ずかしくなった。

② **セリフ**（独り言も含む）

例 「信じられない。なんてひどい人！」→ 怒っている気持ちを表す

③ **動作**（行動・態度・表情なども含む。体の一部を使った慣用句にも注意）

例 先生の姿を見てこそこそと隠れた。→ 後ろめたい気持ちを表す

例 彼はほっと胸をなで下ろした。→ 安心した気持ちを表す

④ 情景

例 灰色の雲がどんより浮かんでいた。→ たいてい暗い気持ちの比喩《ひゆ》に用いられる

次に、**登場人物の中で心情が一番変化している人**を探しましょう。その人が**この文章（場面）での主役**となります。入試問題の文章は「小説」の一場面を切り取ったものです。主人公がどの場面でも目立っているというわけではありません。その場面での主役を探すことが大切です。

2 **主題**をつかむ

心情が一番大きく変化した人に注目する。

「小説」の中の登場人物の心情は、さまざまに移り変わっていきます。大きく変化した人、小さな変化があった人、変化のほとんどない人もいると思います。その中でも、特に大きく気持ちが変化している人がいるはずです。その**一番大きく心情が変化した人**がこの文章（場面）での主役であり、その心情の変化が主題に大きく関わってきます。

ただ、「こんな気持ちだ」と、はっきりわかるように書いてあることは少ないので、**文章の初めと終わりに注目**して変化をとらえてみましょう。

ワンポイント

「小説」では、**文章の初めと終わりに注目して、心情の変化をとらえる！**

そして、「小説」でも文章を分けて、**大ざっぱな構成**をとらえておきましょう。

③ **構成**をとらえる
登場人物・場所・時間の変化に注目する。

「小説」では、次の**三つの変化**を手がかりにして、文章を分けていきます。

① 登場人物の増減
② 場所が変わったところ
③ 時間が変わったところ

これらを手がかりにすることで、「小説」がとらえやすくなります。

読解の基本④
「随筆」読解のポイント

最後に、**「随筆」読解のポイント**を押さえておきましょう。「随筆」は「評論」と「小説」の中間くらいのものなので、文章によって「評論」に近かったり「小説」に近かったりします。

① **筆者の心情の変化**をとらえる
体験を通じて**変化していく筆者の心情**をとらえる。

「随筆」は、**すべて筆者の視点**で書かれています。**ある体験を通じて変化した心**

情を伝えたい、という筆者の思いが「随筆」には表れているのです。

心情を読解するポイントは「小説」と同じですが、**「随筆」で問題となるのは、筆者の心情だけ**で、他の登場人物の心情が問題となることはありません。

そのため、**筆者の人物像**にも注意しましょう。

「随筆」は小説家や評論家だけではなく、いろいろな職業・立場の人が、自分の思いや考えを人に伝えようとしている文章です。文章中からわかる、**筆者の立場（職業）・年齢など、どんな人物なのか**もとらえるようにしましょう。

② 筆者の心情の根拠をとらえる

筆者の心情に**影響を与えた体験**をとらえる。

「随筆」では、**筆者にとって特に印象的だった体験**が**「話題」**として述べられます。

そういった体験や具体例の読解ポイントは「評論」と同じです。**接続語や指示語に注目**して文章をとらえ、体験や具体例と筆者の心情は分けておきましょう。

ワンポイント

「随筆」では、**体験を通じて筆者が伝えたい思いをとらえる！**

item 2

答えるときの基本ルール

次に、現代文の勉強の第一歩として、**答えるときの基本ルール**を押さえておきましょう。

「答え」がわかっていても**「答え方」**を間違えると、得点できるはずの問題で失点したり、減点されたりしてしまいます。

すでに知っていることばかりかもしれませんが、うっかり間違えてしまわないよう、おさらいしておきましょう。

基本ルールのまとめ

❶ 設問文を読むときのポイント

[1] **見落としやすい言葉**に注意する……「適切でないものを選びなさい」「句読点、記号は含まない」には要注意。

[2] **答えの数**に注意する……答えは一つとは限らない。

[3] **条件**をきちんと押さえる……❷～❹の条件をチェック。

❷ 抜き出すときのポイント

[1] 本文から**一字一句そのまま**抜き出す……句読点(。)(、)・カギカッコ(「 」)などもそのまま抜き出す。

[2] **「一語」**で抜き出す場合……一単語で抜き出す。

3 「一文」で抜き出す場合……最後の句点(。)を含む。

4 「本文中の言葉を用いて」とある場合……本文中の言葉を使いながら、自分の言葉を少し加えて答えを作成する。

❸ 字数の数え方のポイント

1 特に条件がない場合……句読点(。)(、)・記号(「　」など)も字数に数える。

2 「□字で」の場合……ぴったり「□字」で答える。

3 「□字以内で」の場合……□字の八～九割から、ぴったり□字まで。

4 「□字程度で」の場合……□字のプラスマイナス五字程度。

5 「□字以上△字以内で」の場合……□字から△字まで。

❹ 文末表現のポイント

1 「～はなぜですか」の場合……答えの最後を「～から。」「～ため。」にする。

2 「どのようなことを指していますか」の場合……答えの最後を「～こと。」にする。

3 「主人公の気持ちを答えなさい」の場合……答えの最後を「～気持ち。」にする。

❺ 解答欄で気をつけたいポイント

1 マス目型解答欄……作文や小論文を原稿用紙に書くときとは違うルールがある。

2 字数制限のない「記述問題」の解答欄……解答欄の大きさから答える字数を推測する。

ルール❶ 設問文を読むときのポイント

設問文を読むときは、まず、**見落としやすい言葉**に注意しましょう。
間違わないように**線を引いたり、囲んでおいたりする**と、より確実です。

ワンポイント

設問文の中の、見落としやすい言葉は線を引いたり囲んだりする！

① 見落としやすい言葉に注意する

「**適切でない**ものを選びなさい」

「句読点、記号は**含まない**」

ほとんどが「適切なものを選ぶ」問題ですが、たまに**「適切でないものを選ぶ」**問題があります。「適切でないものを選ぶ」の部分に傍線が引いてあったり、傍点がついていたりすることが多いのですが、ついつい思い込みで適切なものを選んでしまい、失敗することがあります。

また、「抜き出し問題」で、**「句読点、記号は含まない」**という条件がついている場合があります。こういった**「〜ない」**という言葉は見落としやすいので、細部まで気を抜かずに読みましょう。

ちなみに、**「句読点」とは、句点（。）と読点（、）両方のこと**。

また、「抜き出し問題」で「記号は含まない」という場合は、**カギカッコ（「　」）を含まない**ということを指していることが多いです。

条件に線を引いたり囲んだりしてね。
どこ？
どこ？

次に、**答えの数**に注意しましょう。
答えの数は一つとは限りません。

> **2 答えの数に注意する**
> 「**○つ**（一つ以外の数字）選びなさい」
> 「**すべて**選びなさい」

「記号選択問題」では、「一つ」の答えを選ぶことがほとんどですが、場合によっては、個数を指定している場合があります。

特に**「すべて」**と書かれている場合は、**答えが一つとは限らない**ので、注意しましょう。

なお、設問文には他にもいろいろな条件が示されます。
この後でくわしく見ていく、**ルール❷〜❹の条件も見落とさない**ようにしてください。

> **3 条件**をきちんと押さえる
> **ルール❷〜❹の条件**をチェック。

また、そうした**条件に線を引いたり、囲んだりする**習慣をつけましょう。

ルール❷ 抜き出すときのポイント

では、**本文から言葉を抜き出すとき**の注意点を見ていきましょう。

[1] 本文から一字一句そのまま抜き出す

句読点(。)(、)・カギカッコ(「　」)なども**そのまま**抜き出す。

「本文中(文章中・文中)から抜き出しなさい」とある場合は、**一字一句変えてはいけません**。句読点もカギカッコも漢字も送りがなもすべて本文そのままで抜き出します。

少しでも違う箇所があればダメです。

本文の抜き出す部分に線を引いて、一文字一文字確認しながら答えを書き入れましょう。

また、本文から抜き出す場合、それが**「一語」**なのか、**「一文」**なのか、**それ以外**なのか、さまざまな場合があります。そうした条件に注意しましょう。

[2] 「一語」で抜き出す場合

一**単語**で抜き出す。

「一語」とは、**「一つの単語」**という意味です。**「単語」**とは、**「意味をもつ言葉の最小の単位」**です。単語の分け方をおさらいしておきましょう。

例えば、**「隣の家の赤い屋根」**を**一語**で書くとします。

単語に分けると、

「隣／の／家／の／赤い／屋根」

となるので、一語で答える場合は**「屋根」**が答えとなります。

抜き出し間違いほどもったいないものはないよ！
丁寧に。正確に。

3 「一文」で抜き出す場合

最後の句点（。）を含む。

設問文に**「一文」**とある場合は、**最後の句点（。）を書くことを絶対に忘れない**ようにしましょう。

さて、設問文に**「本文中の言葉を用いて」**とある場合は要注意です。

「指示語の問題」や「記述問題」では、「本文中の言葉を用いて」という条件がつく場合があります。

この場合、本文をそのまま抜き出しただけでは○はもらえません。

4 「本文中の言葉を用いて」とある場合

本文中の言葉を使いながら、**自分の言葉を少し加えて**答えを作成する。

「本文中の言葉を用いて」の場合、設問文での問われ方によって、**文末を「〜こと。」「〜から。」**などに直したり、**自分の言葉を補って**答えを作成したりする必要があります。

ルール3 字数の数え方のポイント

ワンポイント

「本文中の言葉を用いて」とある場合、設問文での問われ方によって、

- **文末を「〜こと。」「〜から。」などに直す**
- **自分の言葉を補って答えを作成する**

必要がある。

そして、悩むことの多い**「字数の数え方」**を押さえておきましょう。

設問文に何も書かれていない場合は、**句読点（。）（、）・記号（「　」など）も字数に数えます。**

1 特に**条件がない**場合

句読点（。）（、）・記号（「　」など）も字数に数える。

問　一文を抜き出し、最初と最後の三字を答えなさい。

OK ○ 彼は、〜いた。

NG × 彼は、〜ていた

問　二十字以内で探し、最初の五字を抜き出しなさい。

OK ○ 「正しい説

ここにチューイ!!

★「一文で抜き出す」場合は、最後の句点を忘れないように。

★カギカッコ（「　」）を字数に含む場合がある。

「三十字で」
「三十字以内で」
「三十字程度で」
それぞれ答えの字数は変わるんだよ。

NG ✕ 正しい説明

「字数制限」のある問題では、**字数の後ろについてくる語**に注目しましょう。

2 「□字で」の場合

ぴったり「□字」で答える。

問 三十字で答えなさい。

OK ○ ぴったり三十字。

NG ✕ 二十九字も三十一字もダメ。

3 「□字以内で」の場合

□字の**八～九割**から、**ぴったり**□字まで。

問 三十字以内で答えなさい。

OK ○ 三十字の八～九割から、ぴったり三十字まで。
※つまり、二十四字～三十字の間で答える。

NG ✕ 三十字を超えると絶対にダメ。三十一字でもダメ。

見直しは大丈夫？
字数を数えて確認
した？
カンペキ！

4「□字程度で」の場合

□字の**プラスマイナス五字**程度。

問 三十字程度で答えなさい。

OK ○ 三十字のプラスマイナス五字、つまり二十五字〜三十五字。

NG × 二十四字以下、三十六字以上のように、少なすぎたり多すぎたりするのはダメ。

5「□字以上△字以内で」の場合

□字から△字まで。

問 三十字以上三十五字以内で答えなさい。

OK ○ 三十字から三十五字まで。

NG × 二十九字以下はダメ。三十六字以上もダメ。

字数制限のある問題は、たいていの場合、**解答欄に必要字数のマス目**があります。そのマス目ぴったりにしなければいけないのか、少なくてよいのか。また、少なくてよい場合は何字まで必要なのか、条件をしっかりと確認しておきましょう。

なお、**見直し**のときには、**書いた字数をきちんと数える**こと。

数え直してみると、抜き出し間違いをしていて、思っていた字数と違うことがあります。思い込みには要注意です。

ワンポイント

字数制限のある問題では、見直しのときに、書いた字数をきちんと数える！

ルール④ 文末表現のポイント

「記述問題」での文末表現も確認しておきましょう。

「記述問題」では、**設問文での問われ方**によって、**答えの文末**が決まります。決まった文末になっていないと**減点される**ので、注意が必要です。

1 **「〜はなぜですか」**の場合
答えの最後を**「〜から。」「〜ため。」**にする。

2 **「どのようなことを指していますか」**の場合
答えの最後を**「〜こと。」**にする。

3 **「主人公の気持ちを答えなさい」**の場合
答えの最後を**「〜気持ち。」**にする。

他にも**「どんな様子ですか」→「〜様子。」**など、さまざまなパターンがあるので、
問題を解きながらそのパターンを身につけていくようにしましょう。

なお、「記述問題」には、

「『○○』と『△△』と『□□』の三つの言葉を用いて答えなさい。**」**

のように、使用する言葉が決められている場合があります。

その時は、その**指定された言葉を必ず使ってください。**

指定された言葉が抜けていれば、どんなよい答えを書いても、×となります。

設問文に書かれている条件は必ず守ってください。

設問文に書かれている**条件は必ず守る！**

ルール5 解答欄で気をつけたいポイント

最後に、**解答欄で気をつけたいポイント**を確認しておきましょう。

まずは、**「マス目型解答欄」**についてです。

① マス目型解答欄

作文や小論文を原稿用紙に書くときとは**違うルール**がある。

マス目型の解答欄は、**作文や小論文を原稿用紙に書くときとは違ったルール**があります。**字数の多い「記述問題」の場合**には特に気をつけましょう。

行の冒頭にカギカッコや句読点がきても大丈夫なんだよ。気をつけて！

① **書き出しの一マスを空けずに使用する。**

② **カギカッコ・句読点（。）（、）など、すべての記号・文字は一マスに一つずつ入れていく。**

OK ○ 「多様化」に

NG × である。……行末の一マスに、文字と句点を一緒に入れる。

③ **行の冒頭にカギカッコや句読点がきても問題ない。**

OK ○ 「近代化 ／ 」が

NG × 「近代化」 ／ が進

OK ○ ではなく ／ 、人

NG × ではなく、 ／ 人の

③については勘違いしている人が多いので、注意しましょう。

次に「字数制限のない『記述問題』の解答欄」についてです。

② 字数制限のない「記述問題」の解答欄

解答欄の大きさから**答える字数を推測する。**

字数制限のない「記述問題」の場合、**どのくらいの字数の答えを書くか、見当をつける**必要があります。

解答欄は**一文字約八〜十ミリ四方を基準**としていることが多いので、そこから**何文字書けるかの見当をつけましょう。**

自信のないときは、何も書かずに白紙で提出してしまったり、つい字が雑で、答えの形式も深く考えずに答えを書いてしまったりすることがあります。

しかし、**たった一語であってもわかったことは、きちんと形を整えて丁寧に書く**ことが大切です。「記述問題」の場合、自信はなくても、書いておくことで少しくらいは部分点をもらえるかもしれません。

自信のないときほど、答えは丁寧にきれいに書くようにしましょう。

ワンポイント

答えは丁寧にきれいに書く！

設問パターンごとの考え方と解き方

これで合格

Stage2

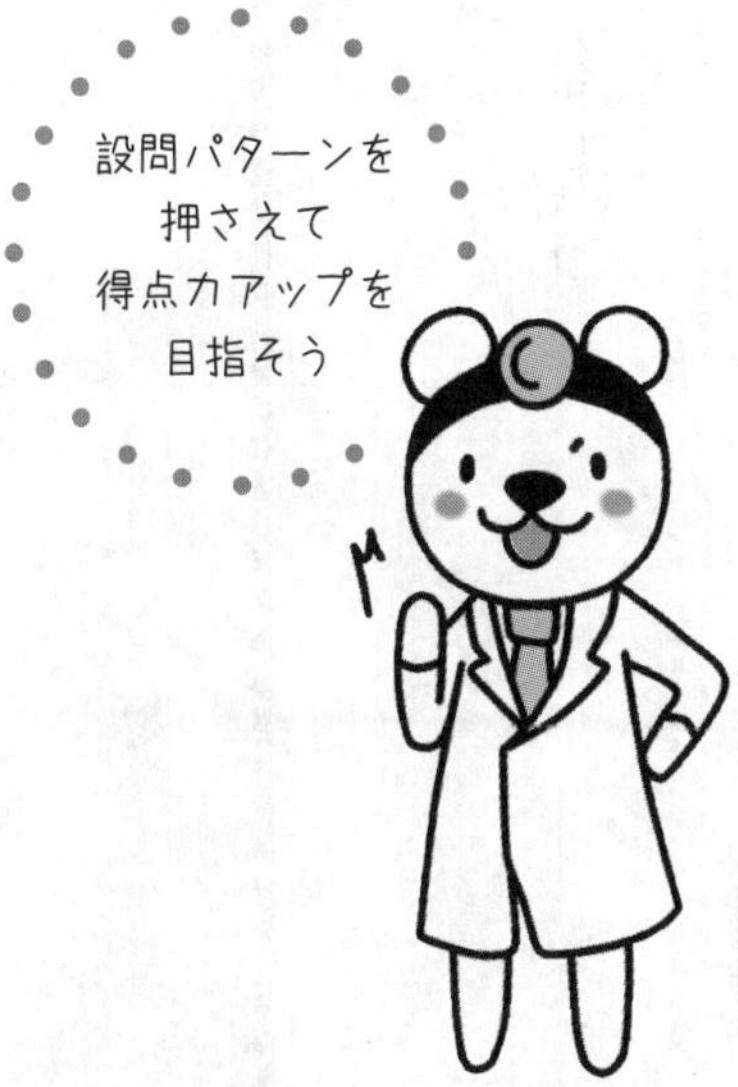
設問パターンを
押さえて
得点力アップを
目指そう

item 1

接続語・指示語の問題

⇩別冊「問題編」p.2～4

いよいよ、実際の問題を一緒に取り組んでいきましょう。**別冊の「問題編」**にある問題を解いてみてください。

最初は、**「接続語の問題」**と**「指示語の問題」**です。

「空欄に適切な接続語を入れる問題」や**「指示語が何を指し示しているかを答える問題」**は、**現代文を読解するうえでの基礎力**が試される、重要な問題です。

また、これらがわからないと、**問題文の流れ**を間違って読み取ってしまうことになります。

ここで、きちんと考え方・解き方を確認しておきましょう。

では、問題の解説を始める前に、問題文の大きな流れを押さえてみましょう。

あらすじをまとめよう！

＊別冊「問題編」の問題文を読んで、空欄に当てはまる語句を抜き出して書き入れましょう。

『荘子《そうじ》』には、「（1 □□）に頼るばかりになってしまったら、人間の精神が汚《けが》れるから、（2 □□）をあえて使わない」という老人の話が出てくる。

人間は、たいへん（3□□）な生き物だ。だからこそ、その力を補うために（4□□）を生み出してきた。それによって（5□□）が興り、（6□□）が創造されたのである。人類の歴史は、つねに（7□□）の発明・発達史とともにあった。

人間が道具を発明したのは、（8□□）から身を守るため、（9□□）の糧《かて》を得るため、もっと心豊かに暮らしたいと考えたためである。ところが、人間は（10□□）に頼るばかりになり、そのあげく、（11□□）はいっそう忙しくなり、人間の精神は、いよいよ貧しくなってしまった。

これからの世界では、「何のために？」という（12□□）意識を持たないかぎり、人間らしく生きることがいよいよ困難になっていく、ということを警告したい。

そうでなければ、我々は、荘子が教えたように、ただ「（13□□）」に追いまくられながら生涯をかけぬけ、「（14□□）」のまま死んでゆくことになってしまうであろう。

なるほど！
う〜ん
できれば、問題文の「話題」も考えてみてね！

問題を解きながら、
語彙力アップも
目指しましょう！

解答

1 機械　2 道具（機械）　3 非力　4 道具　5 文明　6 文化　7 機械
8 自然　9 生活　10 機械　11 生活　12 目的　13 機事　14 機心

空欄にうまく言葉を当てはめることができましたか。

この文章での**話題**は**「人間について」**といえます。何度も「人間」という言葉が出てきていますね。

そして、**筆者が最も主張したいこと**は、37〜38行目の「これからの世界では、『何のために？』という目的意識を持たないかぎり、人間らしく生きることがいよいよ困難になっていく」の部分です。

一文でまとめると、**「人間は、目的意識を持たないかぎり、人間らしく生きることがいよいよ困難になっていく」**となります。

次に、問題文に出てきた語句の中で、**特に覚えておきたいもの**を挙げます。意味がわからないものがあれば、今のうちにきちんと覚えておきましょう。

語句の意味

L13 **非力**＝体力や能力がないこと。
L16 **生活の糧を得る**＝日々の食べ物を手に入れる。生きていくためのお金を手に入れる。
L21 **皮肉**＝期待に反するよくない結果になるさま。
L34 **イタチゴッコ**＝両方が同じようなことの繰り返しで、決着がつかないこと。
L35 **無為**＝何もしないでいること。
L36 **逆説**＝普通の思い込みとは反対の説。「急がば回れ」のようなもの。
L39 **警告**＝前もって注意を告げて知らせること。
L40 **生涯をかけぬける**＝一生を走って通り過ぎる。

＋プラスα

●「接続語」とは？

「接続語」は前の文（文節）と後ろの文（文節）のつながりを示す言葉です。

選択肢の接続語の種類を確認してみましょう。

ア たとえば…**例示**
イ そして……**累加**
ウ では………**転換**
エ または……**対比・選択**
オ だが………**逆接**

●「接続語」と「接続詞」の違い

「接続語」と「接続詞」とは違うものです。

「接続語」は**成分名**（文の成分）で、主語、述語などと同じグループに属します。

「接続詞」は**品詞名**（単語の種類）で、名詞、動詞などと同じグループに属します。

「接続詞」は、成分としては「接続語」になるので、「接続語の問題」の選択肢のほとんどは「接続詞」です。

ただ、「接続語」には、「一方」「次に」のような接続詞以外の言葉も含まれます。

では、**「接続語の問題」**に挑戦しましょう。「接続語の問題」というと、ほぼこのパターンといってもよいほどの問題、**「空欄に適切な接続語を入れる問題」**です。

つまり、**空欄を補充するタイプの問題**なので、**考え方の基本は「空欄補充問題」と同じ**です。「空欄補充問題」については60ページからくわしく説明しますね。

現代文の問題の中でもかなりよく出る問題なので、きちんと確認しておきましょう！

> **問一** [A] [B] に入る言葉として、最も適切なものを次の中からそれぞれ選び、記号で答えなさい。
>
> **ア** たとえば　**イ** そして　**ウ** では　**エ** または　**オ** だが

接続語には、いろいろな種類があります。この五つの選択肢もすべて違う種類の接続語です。問題を解くときには、それぞれがどのような種類の接続語かをチェックするようにしましょう。上段にまとめてあるので、確認しておいてください。

さて、**空欄を補充するタイプの問題**が出たら、一番最初にやってほしいことがあります。

それは、**「空欄を含む一文を読む」**ということです。

問一の空欄Aの問題でいうなら、

[A]、機械を持っていると、機械を使う仕事（機事《きじ》）が増える。

という部分が**「空欄を含む一文」**です。

なぜ、空欄を含む一文を読む必要があるのでしょうか?

文章は一続きの流れでできています。空欄があったら、**空欄の前と後ろを読んで、文章の一続きの流れがどのようになっているか**を、確認する必要があります。

今、「空欄の前と後ろ」と述べましたが、どこまで読む範囲を広げたらいいのか迷いますよね。

空欄の三行前まで読む必要があるのか、十行前まで読まなければいけないのか。

その第一段階が **「空欄を含む一文を読む」** なのです。

まずは、「空欄を含む一文」を読んで、その中に答えにつながるヒントがないかを探していきます。

ワンポイント

空欄補充問題では、空欄だけに注目しないで、**「空欄を含む一文」を読んで答えにつながるヒントを探す!**

それでは、**空欄Aを含む一文**をもう一度チェックしてみましょう。

ココに注目

● **空欄Aを含む一文**(7行目)

[A]、機械を持っていると、機械を使う仕事(機事)が増える。

今回は、空欄Aに接続語を入れるという問題です。どこを手がかりにしたらよいでしょうか。

「増える」 に注目してみましょう。

接続語は前の文と後ろの文のつながりを示す言葉ですから、**一文に注目したあとは、一**

くわしく　接続詞の種類

❶ **順接**
前の事柄が原因・理由となり、その順当な結果・結論が後ろにくる。
例 それで・だから・すると・そこで・ゆえに・したがって

❷ **逆接**
前の事柄と逆の事柄が後ろにくる。
例 しかし・だが・ところが・けれど(けれども)・でも・が

❸ **累加(添加)**
前の事柄に後ろの事柄をつけ加える。
例 それから・なお・しかも・そして・それに・そのうえ

❹ **並立(並列)**
前の事柄と後ろの事柄が並んでいる。
例 また・および・ならびに

❺ **対比・選択**
前の事柄と後ろの事柄のどちらかを選ぶ。
例 それとも・あるいは・または・もしくは

❻ **説明・補足**
前の事柄についての説明や補足をする。
例 なぜなら・ただし・もっとも・すなわち

❼ **転換**
話題を変える。
例 ところで・さて・では

＊**問一**のア「たとえば」の品詞は副詞です。接続語の問題によく出てくる副詞としては、他に「むしろ」などがあります。
また、呼応の副詞と呼ばれる副詞もよく出てきます。
例 もし〜なら(ても)
たとえ〜ても

＊「以上のことより」(順接)、「これに対し」(逆接)のように、接続詞ではない「接続語」(文と文をつなぐ言葉)は、他にもいろいろあります。

文の前後を確認します。文章の流れをとらえていきたいからです。

なぜ増えるのか、増えたあとどうなるのか、この一文の前後に書かれているかもしれません。

ココに注目

● **空欄Aを含む一文の前後**

● 7行目(空欄Aを含む一文の前の部分)
それぐらい知っているさ。

←
● 7行目(空欄Aを含む一文)
A、機械を持っていると、機械を使う仕事(機事)が増える。
←
● 7〜8行目(空欄Aを含む一文の後ろの部分)
そうなると機械に頼る気持ち(機心《きしん》)が生まれて、ますますそれに頼ろうとするだろう。
＝
機械を使う仕事(機事)が増えると

ここで7行目の**「それ」**の意味を明らかにして、文章の流れをとらえましょう。

「それ」は**指示語**です。

指示語が出てきたら、まず、直前を確認して、指示語の内容を押さえることが重要です。

指示語については、この後**「指示語の問題」**でくわしく確認しますね。

指示語が指し示す内容を押さえて、答えのヒントをつかみましょう。

ココに注目

●指示語の直前の文（2～5行目）

子貢《しこう》は見かねて、「水汲みなら、**はねつるべという便利な機械**がある。それを使えばわずかな労力で簡単に水を汲み出すことができますよ」と教えてやった。

↓

それぐらい知っているさ。

＝

はねつるべという便利な機械を使えばわずかな労力で簡単に水を汲み出すことができること

7行目の「それ」の内容を押さえると、次の図式が成り立ちます。

考え方の図式

それ（＝便利な機械を使えば簡単に水を汲む仕事ができること）ぐらい知っている　**前の事柄**

A ←（＝しかし）　←予想される結果とは逆

機械を持っていると、機械を使う仕事（機事）が増える　**後ろの事柄**

つまり！

便利な機械を使えば簡単に水を汲む仕事ができることぐらい知っている**が**、機械を持っていると、機械を使う仕事（機事）が増えてしまうことになる

確認

「前の事柄→後ろに逆の事柄」という流れになる場合は、**逆接**の接続語が入る。

例　しかし・だが・ところが・けれど（けれども）・でも・が

このように、空欄Aの**前の文章の事柄から予想される結果とは逆の事柄が、後ろの文章に書いてある**ので、空欄Aには、「知っている**が**」のような**逆接**の意味をもつ言葉が入ります。選択肢の中で選ぶと、答えは「**オ　だが**」です。

ワンポイント

「接続語の問題」では、**必ず前後の文章のつながりを確認する！**

さあ、もう一つ、空欄Bに挑戦しましょう。

空欄Aで見てきた解き方を確認しながら解いてみます。

空欄補充問題の形なので、まずは、**「空欄を含む一文」**を読んでおくのでしたね。

ココに注目

● **空欄Bを含む一文**（35～36行目）

［B］、しまいには心の平安までが奪われてしまうのだ。

空欄B直後の**「しまいには」**に注目してください。「しまいには」は、「最後には」という意味です。とすると、空欄Bを含む一文全体は、ここまでに述べてきたことを**最終的にまとめるような役割をもっている一文**だといえます。

さて、次に**空欄Bを含む一文の前後を確認します。**

確認

＊**逆説**……普通の思い込みとは反対の説。

確認

「前の事柄に後ろの事柄をつけ加える」という流れになる場合は、**累加（添加）**の接続語が入る。

例 それから・なお・しかも・そして・それに・そのうえ

ココに注目

● **空欄Bを含む一文全体の前後**

● 33～35行目（空欄Bを含む一文の前の部分）

～果てしないイタチゴッコが始まったのだ。そのあげく、心豊かに生きる時間は、どんどん奪われてしまった。愉《たの》しみのための時間、思索の時間、あるいは無為に過ごすゆとりの時間が。

←

● 35～36行目（空欄Bを含む一文）

［B］、しまいには心の平安までが奪われてしまうのだ。

←

● 36行目（空欄Bを含む一文の後ろの部分）

この成り行きは、まさに文明の逆説でなくて何だろう。

前の事柄 ← **同じようなことをつけ加える** **後ろの事柄**

つまり！

空欄Bの前の部分と、空欄Bを含む一文は、**「心豊かに生きる時間が奪われてしまう」**と**「心の平安が奪われてしまう」**という点で、**同じようなこと**を言っている

とすると、空欄Bには**「同じようなことをつけ加える」接続語**、**累加の接続語**を選べばいいことになります。選択肢の中で選ぶとすれば、**「イ　そして」**が答えとなります。

＋プラスα

●「指示語」とは？

「これ」「それ」「あれ」「ここ」「そこ」「あそこ」などのような**「こそあどことば」**のことです。

「指示語」が指し示す内容を押さえると、文章の流れをつかむことができます。

次に、傍線のついた**「指示語の問題」**です。現代文ではよく出る問題なので、確実に押さえておきたいところです。「傍線問題」については44ページからくわしく説明しますね。

また、指示語は、文章の流れを理解するうえで重要な言葉なので、**問一**の空欄Aのときのように、**問題を解く手がかり**になることも多い言葉です。

問二　傍線部「それ」とあるが、何を指しているか。一語で答えなさい。

さて、指示語にかぎらず、**傍線問題**が出たら、まっ先にやってほしいことがあります。

それは、**問一**の空欄補充問題のときと同じ考え方で、**「傍線部を含む一文を読む」**ことです。

なぜそうするかというと、傍線が引かれたところだけに注目するのではなく、傍線部を含んだ一文を読むことで、何かヒントを探そうというわけです。

傍線問題では、傍線部分だけに注目しないで、「傍線部を含む一文」を読んで答えにつながるヒントを探す！

ココに注目

●傍線部を含む一文（24〜25行目）

産業革命の動力源となった蒸気機関が発明されると、それを利用して、数々の機械が生み出された。

「それを利用して、数々の機械が生み出された」とありますね。

何を利用して、数々の機械が生み出されたのでしょうか？

指示語の内容をはっきりさせるためには、まずは**指示語の直前**を見ていきます。

ワンポイント

指示語の内容は、まず指示語の直前に注目する！

直前を見ても見つからない場合は、**少しずつ範囲を前に広げて**読んでいきます。

ただし、まれに**指示語の後ろ**に手がかりがあることもあります。

しかし、今回の場合は、直前を見るだけで内容がわかりそうです。

考え方の図式

産業革命の動力源となった蒸気機関が発明されると、

↑

それを利用して、数々の機械が生み出された

つまり！

「それ」＝「産業革命の動力源となった蒸気機関」

であることがわかります。

くわしく

指示語の内容の探し方

❶指示語を含む一文を読む

まず、指示語を含む一文を読んで、ヒントを探す。

❷指示語の直前を見る

次に、直前に注目。指し示している内容が近くにないか、確認する。

❸探す範囲を前に広げる

直前では見つからなかった場合は、少しずつ探す範囲を前に広げる。

❹指示語の後ろを探す

前を探しても見つからなかった場合は、指示語の後ろを探してみる。

❺見つけた答えを当てはめる

最後に、見つけた答えを指示語の場所に当てはめて、文章の意味が通るか確認する。

＋プラスα

●「単語」とは

「意味をもつ言葉の最小の単位」です。

問二の場合は、一つの名詞の形で答えることになります。

そして、この「**産業革命の動力源となった蒸気機関**」の中で**一語**を選ぶわけです。

「**一語**」とは「**一つの単語**」という意味です。

これを単語に分けると、

「産業革命／の／動力源／と／なっ／た／蒸気機関」

となります。とすると、答えは、「**蒸気機関**」となります。

★設問文に「一語」とあることに注意。「一語」以上を答えると×です。

★ただし、「一語」という条件がない場合は「産業革命の動力源となった蒸気機関」全体が答えとなる場合もあります。

解答

問一　A　オ　B　イ

問二　蒸気機関

ポイント　接続語（空欄補充問題）・指示語（傍線問題）

接続語の問題

1 空欄を含む一文を読む

2 必ず前後の文章のつながりを確認する

指示語の問題

1 傍線部を含む一文を読む

2 指示語の内容は、まず指示語の直前に注目する

item 2

傍線問題

⇩別冊「問題編」p.5〜7

今回は傍線（――線）のついた問題**「傍線問題」**の考え方・解き方を確認していきましょう。

先ほどの「接続語・指示語の問題」で、「接続語の問題」は「空欄補充問題」、「指示語の問題」は「傍線問題」でしたね。

問題の多くは、**傍線**か**空欄**で示されています。

「傍線問題」には、

① **傍線が短いタイプ**

② **傍線が長いタイプ**

の問題があります。


先ほどの「指示語の問題」は**傍線が短いタイプ**の問題です。この場合、**「傍線部を含む一文を読む」**ことから始めます。**傍線が長いタイプ**の問題は、**傍線部の中にヒントがあります。**まず、その傍線の部分をじっくりと確認しましょう。

それだけでは解けない場合は、**傍線部を含む一文の前後**や**傍線部を含む段落全体**を読み直します。

このように、読むところを**少しずつ広げていきます。**


それでは、問題の解説を始める前に、問題文の大きな流れを押さえます。

あらすじをまとめよう！

＊別冊「問題編」の問題文を読んで、空欄に当てはまる語句を抜き出して書き入れましょう。

クレーマーは、（1　　）をぶつけるだけでみずから問題解決に取り組もうとはしない。この光景を、いつでもだれかがそれぞれの場所できちんと（2　　）を果たしているはずだという「相互（3　　）の過剰」から、何か不全が起こるといつもみんなが責任転嫁しようとするという「相互（4　　）の過剰」へと時代が反転しつつある、というふうに表現したひともいる。

出産すること、（5　　）を調達すること、（6　　）すること、（7　　）を処理すること、（8　　）すること、（9　　）すること、（10　　）こと、（11　　）こと、（12　　）すること、（13　　）こと・（14　　）すること、これら生きてゆくうえで一つたりとも欠かせぬことの大半を、ひとびとはいま社会の公共的な（15　　）に委託している。そして、税金を、あるいは（16　　）を支払うことで、安心して暮らせるようになっている。

しかし、サーヴィス・システムが（17　　）してゆくなかで、みずからの手でそれらをおこなう（18　　）をしだいに失っていった。調理、医療、教育だけでなく、問題解決の能力もわたしたちは失ってしまい、何ごとも（19　　）や（20　　）にまかせるありさまである。

「評論」では、問いかけ文の形で、問題が提起されることがあるよ。

解答

1 苦情　2 務め　3 信頼　4 不信　5 食材　6 調理　7 排泄物
8 治療　9 看病　10 育てる　11 教える　12 介護　13 看取る　14 葬送
15 サーヴィス　16 サーヴィス料　17 完備　18 能力　19 役所　20 弁護士

この文章での**話題**は**「社会サーヴィスについて」**といえます。**「サーヴィス・システム」「社会の公共的なサーヴィス」**などという似た言葉も出てきていますね。

そして、この文章では、**筆者からの問いかけ**、8〜9行目の**「それにしてもひとびとはいつからこうも受け身な存在になったのだろう」**と18〜19行目の**「しかし、裏を返して言えば、これは各人がこうした自活能力を一つ一つ失ってゆく過程でもあるのではないだろうか」**に注目しましょう。

語句の意味

次に、問題文に出てきた語句の中で、特に覚えておきたいものを挙げます。

L1 **クレーマー**＝商品の欠陥などについてしつこく苦情を言う人。
L1 **クローズアップ**＝ある物事を大きく取り上げること。
L1 **難癖**＝非難すべきところ。欠点。
L3 **早計**＝早まった考え。十分考えずに判断すること。
L3 **裏腹**＝反対。あべこべ。
L3 **受動的**＝受け身であるさま。自分の意思からでなく、外部からの力で動くさま。
L7 **責任転嫁**＝自分が引き受けなければならない任務を他になすりつけること。
L11 **看取る**＝病人の世話をする。死期まで見守る。
L13 **とどのつまり**＝結局のところ。
L18 **裏を返して**＝逆の見方をして。
L25 **仲裁**＝争っている人々の間に入って仲直りをさせること。
L26 **合意**＝二人以上の人の意思が一致すること。

では、**「傍線問題」**に挑戦しましょう。

問一 傍線部①と筆者が言うのはなぜか。最も適切なものを次の中から一つ選び、記号で答えなさい。

ア 言葉こそ攻撃的だが、彼らの態度が自信なげに見えるから。
イ 言葉こそ攻撃的だが、彼らの主張には説得力がないから。
ウ 言葉こそ攻撃的だが、彼らは自分を安心させろと要求しているにすぎないから。
エ 言葉こそ攻撃的だが、彼らに義務を果たそうとする意識が見えないから。
オ 言葉こそ攻撃的だが、彼らの要求には受動的姿勢を期待する様子が伺えるから。

設問文に「傍線部①と筆者が言うのはなぜか」とあるので、この問題は**「傍線問題」**で**「理由を問う」**問題であることがわかります。そして答えを一つ選ぶ、**「記号選択問題」**です。「記号選択問題」の解き方については86ページからくわしく説明します。

傍線問題では、まず、**「傍線部を含む一文を読む」**ことが重要です。

文章は、一続きの流れでできています。傍線部分だけをじ～っと見て問題を解こうとするのではなく、まずは傍線部の前後、つまり、**傍線部を含む一文を読んで、答えの手がかりを探します。**これが答えにたどり着くための第一歩です。

ワンポイント

傍線問題では、まず、傍線部を含む一文を読む！

＋プラスα

問一は**「なぜか」**と理由を尋ねている問題です。**すべての選択肢の文末が「～から。」**という理由を表すものとなっていますね。

そのため、この傍線部が「結果」となるために、**どんな「原因・理由」があるのかを本文で確認する**必要があります。

確認

●**「一文」とは**

「一文」とは、文の始まりから、句点（。）までのことです。

確認

＊**受動的**……受け身であるさま。自分の意志からでなく、外部からの力で動くさま。

傍線部①は長めの傍線問題ですが、一文全体に線が引かれているわけではありません。そこで、**傍線部①を含む一文**をチェックして、答えの手がかりを探していきましょう。

ココに注目

● **傍線部①を含む一文**（3～4行目）

わたしにはこれは、①言葉の攻撃性とは裏腹に、とても受動的な姿勢に映る。

「**裏腹**」とは「**反対**」という意味なので、傍線部①は「**言葉の攻撃性とは反対に、とても受け身の（＝外部からの力で動く）姿に見える**」というような意味になります。

さて、**傍線部を含む一文の中**に**接続語**や**指示語**があったら、**大きなヒント**になります。必ずチェックしましょう。

なぜ、接続語や指示語があれば、大きなヒントになるのでしょうか？　それは、**答えを探す範囲を決めてくれるから**です。

つまり、答えの手がかりを探すときに、どのくらい前や後ろまで読んだらよいのか、大体の範囲を決めてくれるのが、**接続語**と**指示語**です。

ワンポイント

傍線部を含む一文の中の**接続語**や**指示語**は**大きなヒント！**

傍線部①を含む一文の中には、**「これ」**という**指示語**がありました。傍線部①の意味をはっきり

確認

● **指示語の内容の探し方**

① 指示語を含む一文を読む。
② 指示語の直前を見る。
③ 探す範囲を前に広げる。
④ 指示語の後ろを探す。
⑤ 見つけた答えを当てはめる。

確認

* **クレーマー**……商品の欠陥などについてしつこく苦情を言う人。
* **難癖**……非難すべきところ。欠点。
* **権利意識**＝自分にどのような権利が与えられているかに対する関心のこと。
* **早計**……早まった考え。十分考えずに判断すること。

させるために、**指示語「これ」の内容を明らか**にしましょう。

傍線部①を含む一文は、次のような図式にまとめることができます。

考え方の図式

これは
←
（わたし【＝筆者】には）言葉の攻撃性とは裏腹に、とても受動的な姿勢に映る

指示語の内容をはっきりさせるためには、まずは**指示語の直前**を見るのでしたね（→ *p. 42*）。そこで見つからなければ、少しずつ前へ戻って確かめることになります。

上段に**「指示語の内容の探し方」**をまとめているので、見直しておいてください。

ココに注目

● **傍線部①を含む一文と、その前の部分**（1〜4行目）

いわゆるクレーマーの存在がクローズアップされるようになって久しい。難癖のような文句をつける、しつこく苦情を述べ立てる、リンチのような責任追及をする……。これをただちに、消費者の、あるいは市民の、権利意識が高まってきたしるしだと言うのは早計である。わたしにはこれは、①言葉の攻撃性とは裏腹に、とても受動的な姿勢に映る。

傍線部①を含む一文の直前の文にも**「これ」**という**指示語**があるので、ここに挙げた四つの文は次のようにまとめられます。

考え方の図式

- 3〜4行目　**これ**は、①言葉の攻撃性とは裏腹に、とても受動的な姿勢に映る。
- 2〜3行目　＝**これ**をただちに、消費者の、あるいは市民の、権利意識が〜と言うのは早計である。
- 1〜2行目　＝**クレーマーの様子**（＝文句をつける、苦情を述べ立てる、責任追及をする）

3行目（傍線部①を含む一文中）の**「これ」**は2行目の**「これ」**を指し、2行目の**「これ」**は**「クレーマーの様子」**を指しています。したがって、3行目（傍線部①を含む一文中）の**「これ」**とは、**「クレーマーの様子」**、つまり、**「文句をつけたり、苦情を述べ立てたり、責任追及をしたりする様子」**といえます。「言葉の攻撃性」という内容にも対応していますね。

つまり！

この問一の設問は、**「これ（＝文句をつけたり、苦情を述べ立てたり、責任追及をしたりする様子）は、わたし（＝筆者）には、言葉の攻撃性とは裏腹に、とても受動的な姿勢に映る」のはなぜか？**という問題

だということになります。これで設問で問われている内容がはっきりしました。

その理由が書かれているところを探して、**傍線部①を含む一文の後ろ**を見てみましょう。

ココに注目

- **傍線部①を含む一文の後ろの部分（4〜6行目）**

社会サーヴィスを提供する者たちに、クレーマーは「わたしたちをもっと安心してサーヴィス・システムにぶら下がっていられるようにせよ」と言い張っているようにしか見えないからだ。苦情をぶつけるだけでみずから問題解決に取り組もうとはしない。

「〜からだ」という**文末**に注目してください。これが、**理由**を表現している部分です。

この傍線部①を含む一文の後ろの部分に注目して、**すべての選択肢を確認してみましょう。**

ココに注目

× ア　言葉こそ攻撃的だが、彼らの態度が自信なげに見えるから。
→「自信なげ」とは書かれていません。

× イ　言葉こそ攻撃的だが、彼らの主張には説得力がないから。
→「説得力がない」とは書かれていません。

○ ウ　言葉こそ攻撃的だが、彼らは自分を安心させろと要求しているにすぎないから。
→「クレーマーは〜言い張っている」の部分と対応しているので、これが正解。

× エ　言葉こそ攻撃的だが、彼らに義務を果たそうとする意識が見えないから。
→「義務」については書かれていません。「問題解決」に取り組まないだけです。

× オ　言葉こそ攻撃的だが、彼らの要求には受動的姿勢を期待する様子が伺えるから。
→「受動的姿勢を期待する」とは書かれていません。筆者は、クレーマーの姿勢が受動的だと批判しているのです。

本文の内容と照らし合わせると、答えは**ウ**です。

＋プラスα

● 理由を表す「〜から」

文章の流れとして、

「○○は○○だ。なぜなら〜からだ。」

という基本的な書き方があります。今回は接続詞の「なぜなら」がありませんが、「〜から」だけでも理由を表します。

他にも「だから」「したがって」などの接続詞も理由を表します。一緒に覚えておきましょう。

では、問二を解いてみましょう。

問二　傍線部②を具体的に説明しなさい。

この問題も**「傍線問題」**で、傍線部を具体的に説明するという**「記述問題」**です。

「記述問題」については、102ページからくわしく説明します。

また、この問題は**字数制限のない「記述問題」**です。

解答欄の大きさを確認して、**どのくらいの字数の答えを書くか、見当をつけます。**

解答欄は一文字約八～十ミリ四方を基準としていることが多いので、そこから**何文字書けるかの見当をつけましょう**（→*p. 30*）。

はっきりとこの字数と決めることはできませんが、**解答欄から四十字程度ではないか**、と推測することができます。下書きをしながら、四十字前後に収まるように調整しましょう。

さて、「傍線部②を具体的に説明」とあるので、傍線部②の**「時代が反転しつつある」の意味**を、まず確認しましょう。

「反転」とは**「ひっくり返ること」**。また、**「～つつある」**は、現在その状態が進行中、移行中であることを表すので**「～しようとしている」**という意味になります。

したがって、傍線部②は**「時代がひっくり返ろうとしている」**ということになります。

これだけでは、よくわからないですね。これは傍線が短いタイプの問題なので、**傍線部②を含**

む一文を確認してみましょう。

ココに注目

● **傍線部②を含む一文**（6〜8行目）

こうした光景を、いつでもだれかがそれぞれの場所できちんと務めを果たしているはずだという「相互信頼の過剰」②から、何か不全が起こるといつもみんなが責任転嫁しようとするという「相互不信の過剰」へと時代が反転しつつある、というふうに表現したひともいる。

「こうした光景」とここにも**指示語**がありますが、この「こうした光景」は、**問一**で見てきた部分です。**問一**の**「クレーマー」**の様子が「こうした光景」に当たります。

このように**前で解いた問題が、後ろの問題のヒントになる**ことはよくあります。

そこで、傍線部②を含む一文全体を図式化すると、次のようになります。

考え方の図式

クレーマーが苦情をぶつけるだけでみずから問題解決に取り組もうとはしない光景

↑

【「相互信頼の過剰」＝いつでもだれかがそれぞれの場所できちんと務めを果たしているはずだ】**から**

【「相互不信の過剰」＝何か不全が起こるといつもみんなが責任転嫁しようとする】**へと**

↑

時代が反転しつつある（＝時代がひっくり返ろうとしている）

確認

＊**相互**……お互い。両方が同じことをすること。

＊**過剰**……必要な程度や数量を超えて多すぎて余ること。

＊**責任転嫁**……自分が引き受けなければならない任務を他になすりつけること。

記述問題も傍線部を含む一文を読むことで、手がかりをつかめるよ！

前ページの図式を見ると、**「相互信頼の過剰」から「相互不信の過剰」へと「時代がひっくり返ろうとしている」**ことがわかりますね。

この部分をまとめて答えを作ってみましょう。

「相互信頼の過剰」から「相互不信の過剰」へと時代がひっくり返ろうとしているということ。

四十三字となりましたが、これ以上短くするのは難しそうですね。

このように、記述問題でも**傍線部を含む一文を読んで、本文中から使用する部分を見つけ、言い換えたり言葉を補ったりする**ことで、答えを作成することができます。

解答例

「相互信頼の過剰」から「相互不信の過剰」へと時代がひっくり返ろうとしているということ。（四十三字）

もう一問、**「傍線問題」**に挑戦しましょう。

問三　傍線部③という表現を筆者が用いた心理はどのようなものか。最も適切なものを次の中から一つ選び、記号で答えなさい。

ア　「わびしい」という心理
イ　「腹立たしい」という心理
ウ　「見事だ」という心理
エ　「さみしい」という心理
オ　「なさけない」という心理

「傍線問題」の**「記号選択問題」**です。

傍線部③の**「ありさま」**とは**「(結果として起こってしまった)物事の状態」**を意味します。**問三は、「『ありさま』という表現を筆者が用いた心理」**を問う設問です。したがって、この前後の文を確認する必要があります。

また、傍線の短いタイプの問題なので、今までのように**傍線部③を含む一文**を読むことから始めましょう。

ココに注目

● **傍線部③を含む一文**(24〜27行目)

かつては地域にもめごとが起こったときも、だれかがその仲裁にあたり、なんとか事をおさめていったものだが、そういう問題解決の能力、ひとびとのあいだに合意をとりつけてゆく能力もわたしたちは失ってしまい、何ごとも役所や弁護士に任せる③ありさまである。

ここでの**「ありさま」**とは**「何ごとも役所や弁護士に任せるありさま」**のことであることがわかりますね。

確認

***わびしい**……もの静かでさびしいさま。
***腹立たしい**……怒り出したくなる気持ち。
***見事**……すばらしいさま。
***さみしい**……孤独でもの悲しいさま。
***なさけない**……嘆かわしい、みっともないさま。

確認

***仲裁**……争っている人々の間に入って仲直りをさせること。
***合意**……二人以上の人の意思が一致すること。

そして、この中の「なんとか事をおさめていったものだ**が、**」の**「〜が、」**に注目してください。

「〜が、」は**逆接**を表す接続語です。**「〜が、」の後ろでその前とは逆のことを述べる**という役割をもっています。

そして、文章の流れの中で、**逆接の接続語の後ろの部分に、筆者の本当に言いたいことが述べられている**ことが多いのです。

「〜が、」の前後を図式にまとめてみましょう。

考え方の図式

かつては地域にもめごとが起こったときも、だれかがその仲裁にあたり、なんとか事をおさめていった

「が」←**（逆接）**

（そういう）問題解決の能力、ひとびとのあいだに合意をとりつけてゆく能力もわたしたちは失ってしまった

↑

何ごとも役所や弁護士に任せるありさま③である

つまり！

以前はもっていた問題解決の能力、ひとびとのあいだに合意をとりつけてゆく能力を、わたしたちは失ってしまい、自分以外の人たち（＝役所や弁護士）に任せてしまうようになっている

＝

「ありさま（＝状態）」

ということです。

この「自分以外の人たち（＝役所や弁護士）に任せてしまうようになっている状態」に対して、筆者はどんな気持ちを抱いているのでしょうか。

「以前はもっていた問題解決の能力、ひとびとのあいだに合意をとりつけてゆく能力」を「失ってしまった」と述べているのですから、少なくともこの状態を喜んでいるわけではありませんね。

では、**選択肢の心情を比較してみましょう**。

それぞれの心情の意味は55ページの上段に記しています。

ココに注目

× **ア**「わびしい」という心理
→もの静かでさびしいと思っているわけではないので×。

× **イ**「腹立たしい」という心理
→怒り出したいわけではないので×。

× **ウ**「見事だ」という心理
→すばらしいと褒めているわけではないので×。

× **エ**「さみしい」という心理
→孤独でもの悲しいと思っているわけではないので×。

○ **オ**「なさけない」という心理
→嘆かわしい、みっともない、と思っているのでこれが正解。

筆者は、この「ありさま」を肯定的に見ているわけではありません。そこで、「見事だ」と褒めている**ウ**は一番最初に除くことができます。

また、筆者は「以前はもっていた問題解決の能力、ひとびとのあいだに合意をとりつけてゆく能力」を「失ってしまった」ことを悲しんでいるわけではないので、**ア**「わびしい」、**エ**「さみしい」も除くことができます。

筆者はこの状況を**否定的**に見ています。選択肢の中で、**否定的な表現**をしているのは、**イ**「腹立たしい」と、**オ**「なさけない」です。しかし、「腹立たしい」と怒っているわけではないので、**イ**は除くことができます。

したがって、答えは**オ**となります。

ここまで問題を解きながら見てきたように、**「傍線問題」**では、まず**傍線部を含む一文**を読みます。

それから**傍線部を含む一文の直前と直後**に注目します。

場合によっては、**傍線部を含む段落全体**を読んでみることが必要なときもあります。

あせって適当に読むのではなく、**少しずつ視野を広げて、読む範囲を広げていきましょう。**

傍線問題では、適当に読むのではなく、**傍線部を含む一文から、少しずつ読む範囲を広げていくことが重要！**

解答

問一　ウ

問二　解答例　「相互信頼の過剰」から「相互不信の過剰」へと時代がひっくり返ろうとしているということ。（四十三字）

問三　オ

ポイント　傍線問題

1 傍線部を含む一文を読む

2 傍線部を含む一文の中の接続語や指示語は大きなヒントとなる

3 傍線部を含む一文から、少しずつ読む範囲を広げていく

「傍線部を含む一文を読む」

ところから始めよう!

item 3

空欄補充問題

⇩別冊「問題編」p.8〜10

今回は、入試によく出る**「空欄補充問題」**に集中して取り組みます。

32ページで確認した「接続語の問題」も、空欄に適切な語を入れるので「空欄補充問題」といえます。今回取り上げるのは、「接続語の問題」以外の「空欄補充問題」です。

「接続語の問題」以外の「空欄補充問題」としては、

①　語句を補充するタイプ

②　文を補充するタイプ

があります。

今回はよく出てくる**「語句を補充するタイプ」**を重点的に見ていきます。

空欄補充問題が出たら、まっ先にやることがありましたね。36ページの「ワンポイント」を思い出してください。

それは、まずは**「空欄を含む一文を読む」**ということでした。このルールは、接続語の空欄補充問題でも、それ以外の空欄補充問題でも同じです。

そして、実は「空欄補充問題」の解き方も、「傍線問題」の解き方と基本的には同じなのです。

それでは、問題の解説を始める前に、問題文の大きな流れを押さえます。

あらすじをまとめよう！

＊別冊「問題編」の問題文を読んで、空欄に当てはまる語句を抜き出して書き入れましょう。

（1□□）患者ばかりの入っている病棟に入院したことがある。病棟のなかでさえ、（2□□）から悪く思われまいとする思惑や、少しでも重んじられたいという（3□□）があり、そういうものがあるかぎり、人間は気を紛らわし、（4□□□□□□□□□□□□）について考えないようにしていられるのである。

私もまた毎日「小さな事に対する感じやすさ」を持つおかげで、明日わが身を襲うかもしれない運命の異変に「（5□□□）」でいられるのである。つまり、（6□□□□□□）事は考えないで済ませることができるのだ。どんな状況にあっても、人は（7□□□□□□）に心がとらえられることにおいて生き続けられる存在なのかもしれない。

死の直前まで自分を維持し、惑乱しないでいられる心の構造はどういう仕組みになっているか分からないものの、それに対し私はやはり（8□□□□）を覚えずにはいられない。

解答

1 重症　2 他人　3 見栄　4 自分というものの本当の姿　5 無感覚
6 困難で恐ろしい　7 小さな関心事　8 畏敬の念

この文章は、筆者が入院体験を通じて感じたことを述べた**随筆文**です。

また、この文章の**話題**は**「人間について」**といえます。何度も**「人間」**という言葉が出てきていますね。

そして、**筆者が最も主張したいこと**は、**「人間が生きるとはなんという痛ましく〜」**で始まる、**問題文の最終段落**です。ここを押さえておきましょう。


次に、問題文に出てきた語句の中で、特に覚えておきたいものを挙げます。

語句の意味

L4　**思惑**＝思うこと。あらかじめ考えていたこと。意図。期待。
L4　**重んじられる**＝尊重される。「重んじる」＋受け身の助動詞「られる」。
L4　**見栄**＝うわべを実際よりよく見せること。
L5　**気を紛らわす**＝何かをして、嫌なことや悩みなどを忘れるようにする。
L8　**奇怪**＝普通では考えられないほど怪しく不思議なこと。
L17　**惑乱**＝取り乱してめちゃくちゃな様子になること。
L18　**遠望**＝遠くを見ること。
L29　**痛ましい**＝見ていられないほどかわいそうだ。痛々しい。
L32　**畏敬**＝気高くて尊いものをおそれ敬うこと。

では、**「空欄補充問題」**に挑戦していきましょう。

問一 [A] に入る最も適切な語句を次の中から一つ選び、記号で答えなさい。

ア 生存意欲　イ 社会生活　ウ 演戯力　エ 自己顕示欲

「空欄補充問題」では、まずは**「空欄を含む一文を読む」**ことが重要でしたね。

あせって適当に、空欄の前後を読もうとするのではなく、まずは、**空欄Aを含む一文を読んでヒントを探す**ことから始めましょう。

ココに注目

● **空欄Aを含む一文**（2行目）

不思議に思えたのは、明日にも死を迎えるかもしれない人々にも「[A]」があることだった。

「不思議に思えたのは」という言葉に注目してください。「不思議に思えたのは」何なのでしょうか。次のような図式が成り立ちます。

考え方の図式

不思議に思えたのは

←

明日にも死を迎えるかもしれない人々にも「[A]」があること

つまり！

A ＝「明日にも死を迎えるかもしれない人々」にもあることが、「不思議に思えた」もの

ということです。

空欄Aを含む一文だけでは、その「『不思議に思えた』もの」が何かがわからないので、**後ろの一文**も読んでみましょう。

ココに注目

● **空欄Aを含む一文の後ろの文**（2～3行目）

検温、点滴、回診、検査、食事、自由時間と繰り返される毎日は、すべて他人との接触やかかわりで埋められている。

ここでは病棟のなかの人々が、どんな生活を送っているかについて書かれています。

空欄Aと、後ろの一文とのつながりを考えてみましょう。

考え方の図式

A ＝「明日にも死を迎えるかもしれない人々」にもあることが、「不思議に思えた」もの

↑

検温、点滴、回診、検査、食事、自由時間と繰り返される毎日

＝

すべて他人との接触やかかわりで埋められている

＋プラスα

念のため、他の選択肢の言葉の意味も確認しておきましょう。

ア　**生存意欲**……積極的に生きようとする気持ち。

ウ　**演戯力**……芝居などで演じて見せるときの巧みな表現力。「演戯」は「演技」と同じ。

つまり！

A には、**「他人との接触やかかわり」と関係する言葉が入る**と考えられます。

このことを頭に置いて選択肢を見ると、空欄Aには**「社会（＝人間の集団としての営み）の一員として行う生活」**を表す**「イ　社会生活」**が入りそうです。

この続きの3～4行目「病棟のなかでさえ、他人から悪く思われまいとする思惑や、少しでも重んじられたいという見栄があり」と書かれていることから、「自分の存在を多くの人の中で、必要以上に目立たせたいという欲求」を表す「エ　自己顕示欲」も入りそうに思えます。ただし、ここでは「自分の存在を必要以上に目立たせたい」わけではないので「社会生活」の方が適切と思われます。

空欄補充問題では、**選んだ答えを空欄に当てはめてみる**ことが非常に重要です。文章のつながりがおかしくないか、確認しておきましょう。

ココに注目

● 2～3行目

不思議に思えたのは、明日にも死を迎えるかもしれない人々にも**「社会生活」**があることだった。検温、点滴、回診、検査、食事、自由時間と繰り返される毎日は、すべて他人との接触やかかわりで埋められている。

文章のつながりがよいですね。時間があるときは、他の選択肢も入れて確認しておきましょう。

ワンポイント

空欄補充問題では、**選んだ答えを空欄に当てはめて読む！**

問二も空欄Aのときと同じ考え方で進めていきますね。

問二 [B] に入る最も適切な語句を次の中から一つ選び、記号で答えなさい。

ア 屈託した　**イ** 屈託のない　**ウ** 覇気《はき》にみちた　**エ** 覇気のない

まずは、**空欄Bを含む一文**を読んでいきましょう。

ココに注目

● **空欄Bを含む一文**（17〜18行目）

ときには [B] 顔が戸口からのぞかれ、笑い声さえ聞こえる、静かで落ち着いた雰囲気。

この一文は、何のことについて述べているのでしょうか。この一文だけではわからないですね。空欄Bを含む一文の前後を確認して、手がかりを探しましょう。まずは**前の部分**を読みます。

ココに注目

● **空欄Bを含む一文の前の部分**（17行目）

重症患者を多数抱える病棟の、必ずしも惑乱していない様子。

「惑乱」とは「取り乱してめちゃくちゃな様子になること」という意味です。重症患者がたくさんいる病棟なのに、患者たちは乱れた様子もなく、きちんと物事が進んでいるということが書かれています。

次に、**後ろの部分**を読んでみましょう。

ココに注目

● **空欄Bを含む一文の後ろの部分**（18〜19行目）

私はかつてそういう病室の空気を遠望して、異様な思いがしたものだった。患者たちはなぜ泣き喚《わめ》かないのだろう。なぜ髪を掻《か》き毟《むし》り、目を血走らせて廊下を走ったりしないのだろう。

重症なのに、患者たちは泣き喚くことも、髪を掻き毟ることも、目を血走らせて廊下を走ることもないのです。これは惑乱している様子とは逆の様子ですね。

空欄Bを含む一文の、前と後ろの部分から、次のようなことがいえるのではないでしょうか。

つまり！

[B] の部分には、「取り乱したり、泣き喚いたりする」こととは逆の、**「普段と変わらない、特別ではない雰囲気」**を表す言葉が入る

そうすると、答えは**「心配や気にかかることがなく、のびのびとしている様子」**を表す**「イ　屈託のない」**がぴったりです。

＋プラスα

念のため、他の選択肢の言葉の意味も確認しておきましょう。

ア　**屈託した**……①あることが気になって気持ちが晴れない。②することがなく退屈してしまった。

ウ　**覇気にみちた**……積極的に物事に取り組もうとする意気込みにあふれた。

エ　**覇気のない**……積極的に物事に取り組もうとする意気込みがない。やる気のない。

最後に空欄Bに**「屈託のない」**を**当てはめて確認する**ことを忘れないでくださいね。

今回の問題は、「屈託のない」の意味がわからないと、難しい問題だったかもしれません。

このように、空欄補充問題では、**言葉の意味がわからないと、どういう内容の言葉が入るかはわかっても、適切な言葉を選べない、**ということがあります。

めんどうくさくても我慢して辞書で意味を調べて、言葉の知識を増やしていきましょう。

ワンポイント

空欄補充問題では、**言葉の知識も重要！**

引き続き、**「空欄補充問題」**です。

今回も、**空欄Cを含む一文を読む**ことから始めましょう！

問三　C　に入る最も適切な語句を次の中から一つ選び、記号で答えなさい。

ア　強さ　イ　弱さ　ウ　運命　エ　情熱

ココに注目

●**空欄Cを含む一文**（30〜31行目）

しかしまた、他方からみれば、人間はなんという　C　を身につけている存在なのであろう。

空欄を含む一文の中に、**指示語**や**接続語**があれば、それはとてもラッキーです。なぜなら、これらは文章の分け目や流れを決める役割をもっているため、**「文章のどのあたりを特に読む必要があるのか」を決める大きなヒント**になるからです。

ワンポイント

空欄を含む一文の中の**指示語**や**接続語**は「文章のどのあたりを特に読む必要があるのか」を決める**大きなヒント！**

今回は、**接続詞**の**「しかし」**に注目します！**「しかし」**は、**逆接の接続詞**です。「しかし」の後ろで、その前とは逆のことを述べるという役割をもっています。

つまり、**「しかし」の前の部分に注目すると、空欄Cを含む一文で言いたいことが予想できる**と考えられますね。

また、現代文では、**「しかし」の後ろに、筆者の本当に言いたいことが書かれている場合が多い**ので、**「しかし」は大注目の接続詞**なのです。

では、**空欄Cを含む一文の前の部分**を読んでみましょう。

ココに注目

● **空欄Cを含む一文の前の部分**（29～30行目）

人間が生きるとはなんという痛ましく、悲惨なものであろう。自分の力のとうてい及ばない事柄に対しては、人間は考えないで済ませてしまうという防衛本能を備えているのかもしれない。

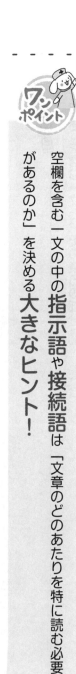

空欄Cとその前の部分をまとめると、次のようになります。

考え方の図式

- 人間が生きるとはなんという痛ましく、悲惨なものであろう。
- 「自分の力のとうてい及ばない事柄（＝ここでは重い病気を治すこと）」に対しては、「人間は考えないで済ませてしまうという防衛本能」があるようだ

↓ **しかしまた、他方からみれば**

人間はなんという［C］を身につけている存在なのであろう。

つまり！

［C］には、「痛ましく、悲惨なもの」、「防衛（＝守りの姿勢）」とは**反対の内容の言葉**が入るはずです。選択肢を見ると、「ア　強さ」が入ると考えられますね。空欄Cに「強さ」を入れて文章の流れに合うかどうか、**空欄Cを含む一文の後ろの部分**も読んでおきましょう。

ココに注目

- **空欄Cを含む一文と、その後ろの部分**（30〜33行目）

しかしまた、他方からみれば、人間はなんという**強さ**を身につけている存在なのであろう。死の直前まで自分を維持し、惑乱しないでいられる心の構造はどういう仕組みになっているか分からないものの、それに対し私はやはり畏敬の念を覚えずにはいられない。

確認

＊**畏敬**……気高くて尊いものをおそれ敬うこと。

時間があるときは
他の選択肢（問三
では「弱さ」「運命」
「情熱」）を入れて
確認しておこう。

次のように整理できます。

つまり!!

強さを身につけている存在である人間
＝
それ＝死の直前まで自分を維持し、惑乱しないでいられる心の構造

→に対し
畏敬の念を覚える（＝おそれ敬う気持ちをもつ）

となるので、やはり「強さ」でOKですね。

解答

問一　イ　問二　イ　問三　ア

ポイント　空欄補充問題

1 空欄を含む一文を読む
2 選んだ答えを空欄に当てはめて読む
3 言葉の知識も重要
4 空欄を含む一文の中の指示語や接続語は大きなヒントになる

item 4

抜き出し問題

⇩別冊「問題編」p.11〜14

今回は、**「抜き出し問題」**に集中して取り組みます。
「抜き出し問題」では、解く前に、**設問文から「何を探すのか」を押さえる**ことが重要です。また、**「何字で抜き出すのか」などの条件**は必ず確認し、間違えないように**線を引いておきましょう。**

「抜き出し問題」でも**「設問（空欄・傍線部）を含む一文を読む」**ところから始めます。

そこで見つからない場合は、その**設問がある段落**を読んでみましょう。

それでも見つからない場合には、そこから**少しずつ探す範囲を広げていきます。**

そして、「抜き出し問題」では、問題文の語句や文と、自分の書いた答えが全く同じでなければなりません。**見つけた答えには、必ず線を引き、一字一句丁寧に書き写しましょう。**

それでは、問題の解説を始める前に、問題文の大きな流れを押さえます。

あらすじをまとめよう！

＊別冊「問題編」の問題文を読んで、空欄に当てはまる語句を抜き出して書き入れましょう。

教員一年目、六年生に社会科を教えていたときのこと。僕は日頃から、（1□□□□□）を行うためだけの一方通行的な授業にはしたくないと考えていた。そこで、その日の授業では「平和な世の中を実現するための憲法を（2□□）の頭で考えること」を行った。

驚いたことに、子どもたちのノートを見て回ると、何も書けていない子がクラスの半分近くもいた。

僕らは、授業で「これが（3□□）だ」と教えられ、それを必死になって（4□□）してきた。そして、（5□□□）という場でいかにその記憶を正確に取りだすことができるかを問われてきた。

ところが、社会に出ると、「正解」や「（6□□□□）」が存在する問題などほとんどない。（7□□）が豊富であればあるほど、（8□□）の幅は広がり、すぐれた（9□□□□□）も生まれやすくなるだろう。だが、いくら重要だとはいえ、知識とは、あくまで（10□□）のための、生きていくための（11□□）に過ぎない。

子どもたちは、「自分の頭で（12□□）」、「自分の（13□□）で動き」、「自分なりの（14□□）を出す」ことが苦手だった。

子どもたちは、（15□□）にどう思われるかを、必要以上に気にする傾向がある。（16□□）派になることは、彼らにとって「絶対に避けなければならないこと」だった。

解答

1 知識の伝達　2 自分　3 正解　4 記憶　5 テスト　6 模範解答
7 知識　8 思考　9 アイディア　10 思考　11 手段　12 考え　13 判断
14 答え　15 他人　16 少数

この文章は、筆者が教員一年目に経験したことを述べた**随筆文**です。文章の前半がこのときの経験について、27行目から後ろに筆者の考えが述べられています。

この文章の**話題**は**「勉強について」**といえます。「授業」「教育」「知識」などについて述べられていますが、それらをまとめる言葉としては**「勉強」**が一番ぴったりきそうです。

語句の意味

次に、問題文に出てきた語句の中で、特に覚えておきたいものを挙げます。

L10 **目を白黒させる**＝びっくりする。驚く。
L16 **たどたどしい**＝言語や技芸などが下手で、なめらかでないさま。もたついているさま。
L18 **まくしたてる**＝言いたいことを勢いよく、一気に言う。
L26 **耳にする**＝聞く。
L26 **目の当たりにする**＝目の前で直接見る。
L32 **愕然《がくぜん》**＝非常に驚くさま。
L36 **おろそかにする**＝いいかげんに扱う。中途半端にする。
L37 **あくまで**＝①どこまでも。②ある範囲内に限定するさま。
L43 **偏重**＝物事の一面だけを尊重すること。
L45 **おどおど**＝緊張や不安などで落ち着かないさま。
L49 **口をつぐむ**＝口を閉じてものを言わない。黙る。

確認

● **熟語とは**

二字以上の漢字を組み合わせて一語をなすもの。

設問文の大切なところに線を引いておきましょう。

さて、**「抜き出し問題」**に取り組みましょう。

> **問一** [A] に入れるのにふさわしい二字熟語を本文中から抜き出し、漢字で答えなさい。

まず、設問文から**「何を探すのか」**を確認しましょう。

「二字熟語を本文中から抜き出し、漢字で答えなさい」とあるので、**答えが本文中にあり、しかもそれは二字の熟語である**、ことがわかります。

この部分に**線を引いておきましょう。**

では、いつものように、**空欄Aを含む一文を読んでヒントを探す**ことから始めます。

ココに注目

● **空欄Aを含む一文**（31行目）

それを [A] だと思いこんできた。

図で整理すると、次のようになります。

考え方の図式

それ＝ [A]

ということは、**指示語**の内容がわかれば、空欄**A**に入る言葉のヒントになるはずです。

確認

● **指示語の内容の探し方**

① 指示語を含む一文を読む。
② 指示語の直前を見る。
③ 探す範囲を前に広げる。
④ 指示語の後ろを探す。
⑤ 見つけた答えを当てはめる。

空欄を含む一文中に**指示語**があれば、ラッキーです。指示語がヒントになることが多いので、指示語が指し示している内容を必ず確認しておきましょう。

指示語の内容を確認するときは、まずは**指示語の直前**をチェックするのでしたね（↓***p. 42***）。**空欄Aを含む段落全体**を読んでみましょう。

ココに注目

● **空欄Aを含む段落全体**（29～31行目）

僕らは、授業で「これが正解だ」と教えられ、それを必死になって記憶してきた。そして、テストという場でいかにその記憶を正確に取りだすことができるかを問われてきた。記憶が正しければ正しいほど、いい点数が取れた。それを［A］だと思いこんできた。

この部分を図で整理してみます。

考え方の図式

- 授業で「これが正解だ」と教えられ、それを必死になって記憶してきた→X
- テストでは記憶を正確に取りだすことができるかを問われてきた→Y
- 記憶が正しければ正しいほど、いい点数が取れた→Z

つまり！

「それ」とは、**X＋Y＋Zの流れ全体**

を指し示しています。

問一の条件は**「本文中にある二字熟語」**なので、候補になりそうな語を探して印を付けていきましょう。

「X＋Y＋Z」、つまり、**「授業」**や**「テスト」**や**「記憶」**に関わることを表している、**二字の熟語**は何でしょうか。

「知識」「教育」「正解」「思考」といった当てはまりそうな二字熟語がいくつかありますが、11行目の「いまも勉強してきたように」の**「勉強」**が**「X＋Y＋Z」**を表すのに、一番ぴったりきます。

ただし、この語は空欄Aを含む一文から離れたところにあるので、少し見つけにくいかもしれません。

抜き出し問題では、**答える内容がわかっても、それがどこにあるのかわからない（見つからない）**ということがよく起こります。

実際の試験の時は、答えがすぐに見つからず、探すのに時間がかかりそうならば、いったんその設問は**後回し**にしましょう。

他の問題を解いてから、改めて問題文全体を読んで考えましょう。

ワンポイント

答えがすぐに見つからず、時間がかかりそうならば、**後回し**にする。

次に問二です。これもまずは設問文から**「何を探すのか」**を確認しましょう。

> **問二** [B] に入れるのにふさわしい言葉を本文中から九字ちょうどで抜き出しなさい。句読点は数えません（以下同）。

設問文を見ると、**本文中から句読点を含まずに九字ちょうどのもの**を探すことがわかります。ここに**線を引いておきましょう**。

また、**「（以下同）」**とあるので、**後ろの設問も「句読点を数えない」**ことに注意しましょう。**字数の数え方**について上段にまとめてありますが、24ページも見直しておいてくださいね。

では、**空欄Bを含む一文**を確認しましょう。

ココに注目

●空欄Bを含む一文（32〜33行目）

どれもが [B] が求められることばかり。

ここでは、**「どれもが」**という言葉に、特に注目してください。

「どれもが」とはなんのことなのか、**空欄Bを含む段落全体**を読んでみましょう。

ココに注目

●空欄Bを含む段落全体（32〜35行目）

ところが、社会に出てみて、愕然《がくぜん》とする。「正解」や「模範解答」が存在する問題などほとんど

確認

●字数の数え方のポイント

① 特に条件がない場合
句読点（、）（。）・記号（カギカッコ「」など）も字数に数える。

②「□字で」の場合
ぴったり「□字」で答える。

③「□字以内で」の場合
□字の八〜九割から、ぴったり□字まで。

④「□字程度で」の場合
□字のプラスマイナス五字程度。

⑤「□字以上△字以内で」の場合
□字から△字まで。

ない。どれもが B が求められることばかり。だからこそ、僕らは社会に出て、「あなたなら、どうしますか?」と問われたときに、「いったい、どうしたらいいのだろう……」と、戸惑い、凍りついてしまうのだ。無理もない。そんな練習は、家庭でも、学校でも、ほとんど積んでこなかったのだから。

すると、次の図式が成り立ちます。

考え方の図式

「正解」や「模範解答」が存在する問題などほとんどない
＝
どれもが B が求められることばかり
← だから
僕らは社会に出て、「あなたなら、どうしますか?」と問われたときに、「いったい、どうしたらいいのだろう……」と、戸惑い、凍りついてしまう

と、まとめることができます。

つまり!

空欄Bとは
① **「『正解』や『模範解答』が存在」しないもの**
② 僕らが社会に出て、**「『あなたなら、どうしますか?』と問われたときに」答えるもの**

ではないか、と考えられます。

そこで**この①②に当てはまる九字ちょうどの言葉を探せばよい**ことになります。

①②のどちらも「解答」「答え」に関係するようなので、**本文中で、「解答」「答え」となっている言葉**に注目して探してみましょう。

そうすると、40行目に**「模範解答に頼らない『自分なりの答え』」**という部分が見つかります。また、42行目にはカギカッコのついていない**「自分なりの答え」**があります。そして、「解答」「答え」という表現ではありませんが、同じような表現として、22行目**「自分の頭で考えること」**、25行目**「自分なりの考え」**もあります。

よく似た表現が多いので、条件の**「九字ちょうど」**に合うものを答えとして選びましょう。

さて、設問文には「句読点は数えない」とありますが、「記号は数えない」とは書いてありません。**カギカッコは記号**なので、答えに含むことができるのです。条件を読み間違えないようにしてくださいね。

つまり、問二は、**カギカッコを含んで九字ちょうど**の**【「自分なりの答え」】**が答えとなります。

このように抜き出し問題では、答えとなる部分に**カギカッコを含む**ことがよくあります。**設問文に書いてある条件をきちんと確認して、適切に抜き出す**ようにしましょう。

ワンポイント

設問文を確認して**条件をきちんと押さえる！**

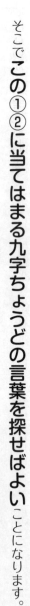

では、**問三**です。

> **問三**　傍線部「学び＝知識を詰めこむこと」とはどのようなことか。答えとしてふさわしいと考えられる部分を本文中から十一字ちょうどで抜き出しなさい。（問二より「句読点は数えません」）

まずは設問文から**「何を探すのか」**を確認しましょう。

①「学び＝知識を詰めこむこと」とはどのようなことかの答えを探す

②十一字ちょうどで抜き出す

③句読点は数えない（これは問二の「以下同」に気をつけるのでしたね）

この部分に**線を引いておきましょう。**

問一・問二と異なり、本文中の空欄を埋めるのではなく、**「傍線部とはどのようなことか」**という、**言い換える部分を探すタイプの抜き出し問題**です。

> **つまり！**
> 「学び＝知識を詰めこむこと」とは、□□□□□□□□□□□である。

となる、**十一字ちょうどの言葉**を探すことになります。**「学び」「知識」**という言葉が**キーワード**となりそうです。この二語に関連する部分に注目して、**印を付けながら**探してみましょう。

では、初めに**傍線部を含む一文**を読んでいきます。

＋プラスα

●「つなぎの言葉」とは

「しかし」などの接続詞ではないけれど、文と文をつなぐための重要な働きをしている言葉です。

例 にもかかわらず・それに対して・以上のことより・一方・ちなみに

ココに注目

●傍線部を含む一文（38行目）

にもかかわらず、日本では、「学び＝知識を詰めこむこと」と誤解されてきた。

ここでは、**「にもかかわらず」**というつなぎの言葉に注目します。

「にもかかわらず」というつなぎの言葉は、**前に述べたことと、反対のことを述べるとき**に使います。

つまり、**「にもかかわらず」の前の部分**には、日本では、「学び＝知識を詰めこむこと」と誤**解されてきたのだが、本当はそうではないんだよ**、という**傍線部とは反対の文章の流れ**があるはずです。

本当にそうなのか、**傍線部を含む段落全体**を見てみましょう。

ココに注目

●傍線部を含む段落全体（36～38行目）

もちろん、知識をおろそかにすることはできない。知識が豊富であればあるほど、思考の幅は広がり、すぐれたアイディアも生まれやすくなるだろう。だが、いくら重要だとはいえ、知識とは、あくまで思考のための、生きていくための手段に過ぎない。にもかかわらず、日本では、「学び＝知識を詰めこむこと」と誤解されてきた。

この段落では「いくら重要だとはいえ、知識とは、あくまで思考のための、生きていくための手段に過ぎない」とありました。「知識は重要だけれども、それがすべてではない」という流れです。

つまり、この段落では**「知識とはどういうものなのか」**については書いてありますが、**「『学び＝知識を詰めこむこと』がどういうことなのか」**という言い換えに当たる言葉は、書かれていませんでした。

探す範囲を広げて、傍線部の後ろの部分を読んでみましょう。

ココに注目

●**傍線部の後ろの部分**（39〜44行目）

「君なら、どうする？」

そんな問いを意識的にぶつけていくことで、模範解答に頼らない「自分なりの答え」を生みだせる子どもに育てていくことができるのかもしれない。

子どもたちは、「自分の頭で考え」、「自分の判断で動き」、「自分なりの答えを出す」ことが苦手だった。それは、あるいは小さな頃からの親の言葉がけによるものかもしれない。それは、あるいは知識偏重の教育システムによるものかもしれない。しかし、僕はもっと根本的なところにも原因があるような気がしていた。

線を引いた部分が、**「学び」「知識」**と関連のありそうなものです。

この中で**「学び＝知識を詰めこむこと」の言い換え**となりそうなものは

知識偏重の教育システム

ですね！

「偏重」とは**「物事の一面だけを尊重すること」**という意味なので、**「知識偏重」**とは**「知識ばかりを尊重すること」**となります。これは**「知識を詰めこむこと」の言い換え**といえますね。

また**「教育システム」**は**「学び」の言い換え**といえます。

字数もちょうど十一字なので、これを答えと決めてよさそうです。

答えを見つけたあとは、いつもきちんと**字数を確認**しておきましょう。

抜き出し問題では**字数は絶対条件**です。少し違うけれどいいか、ということはありえません。

「○字で」「○字以内で」といった条件を必ず守りましょう。

なお、抜き出し問題で一番悔しいのは、**抜き出し間違い**です。

例えば、書き写すときに「偏重」の「偏」を「編」などと書き間違えないように、**見つけた答えには線を引いて、本文と解答欄を見比べながら正確に書く**ようにしましょう。

本文中からきちんと答えを見つけ出せたのに、写し間違いで失点しないように気をつけてください。

抜き出す部分（答え）には**線を引いて、正確に書き写す！**

抜き出し問題は、**読解を必要とする設問の基本**となる問題です。

ほとんどの問題は、「本文から答えや答えの手がかりを探し、どこを見て解けばよいのか（作ればよいのか）」を考えます。そのため、**必要な部分を早く正確に抜き出すことは国語力・読解力を伸ばすポイント**になるのです。

抜き出し問題をしっかりマスターしてください。

解答

問一　勉強（二字）
問二　「自分なりの答え」（九字）
問三　知識偏重の教育システム（十一字）

ポイント　抜き出し問題

1 解く前に、設問から「何を探すのか」を押さえる
2 傍線部や空欄を含む一文を読むことから始める
3 答えがすぐに見つからず、時間がかかりそうならば、後回しにする
4 抜き出す部分（答え）には線を引いて、正確に書き写す

item 5

記号選択問題

⇩別冊「問題編」p.15〜18

今回は、**「記号選択問題」**です。

「記号選択問題」の解く手順は「抜き出し問題」と同じです。**設問文から手がかりを探し、本文のどの場所を見ながら考えるのかを決めます。**

そして、選択肢の文が、**本文で書かれている内容かどうか**を確認して、**すべての選択肢に○×をつけていきます。**

「本文に逆のことが書いてある」「本文には書かれていない」場合は、**必ず×をつけます。**

選択肢には、**「常識的には正しいけれど、本文にはない」**というひっかけの選択肢もありますから、**必ず本文を確認する**習慣をつけてください。

それでは、問題の解説を始める前に、問題文の大きな流れを押さえます。

あらすじをまとめよう！

＊別冊「問題編」の問題文を読んで、空欄に当てはまる語句を抜き出して書き入れましょう。

北澤医師が「（1　　　　）の目的って、何だろう」と看護実習生の竹節さんに質問しました。

「（2　　　　　　　　）がだいじだと思いました」と竹節さんは答え、「でも、私はほとんどお話ができませんでした」と肩を落としました。

この後、二人は「コミュニケーション」をとる方法について会話を交わします。

そして、「患者さんや家族と気もちを通わせると、それ自体には（3　　　）があるけど、僕らは友だちになるためにやってるんやない。寄り添って、支えるという医療者の（4　　）がある。じゃあ、何のために患者さんに寄り添って、支えるのか…」という北澤医師の問いかけに対して、竹節さんは「（5　　）を支えるのだと思います」と答えました。

「そう、それ。僕は、最後まで、（6　　　　　　）生きてもらうために寄り添って、生活を支えようと思ってる。病名が先にくる（7　　）としてではなく、世界でたった一人の、その人らしく生きてもらうこと。それが（8　　　　）の目的やね」などと北澤医師は話しました。

竹節さんの初めての臨地実習は、看護学校の授業では学べなかった人との関わり合いの難しさ、（9　　）の重さを強く印象づけられるものでした。地域に根づく医療の（10　　　）は、若い（11　　　）を必要としています。

訪問診療カーは、今日もさまざまな人生の物語をつむぎながら走っていきます。

北澤医師と竹節さん、どちらのセリフなのかに注意してね。

解答

1 在宅ケア　2 コミュニケーション　3 達成感　4 使命　5 生活
6 その人らしく　7 患者　8 在宅ケア　9 使命　10 最前線　11 担い手

この文章は、筆者が「訪問診療カー」に同行したときの北澤医師と竹節さんの会話で成り立っていて、筆者の考えは述べられていません。**二人の会話に注目**しましょう。

会話の**話題**は**「在宅ケアについて」**といえます。北澤医師の考えをきちんと押さえておきましょう。

語句の意味

次に、問題文に出てきた語句の中で、特に覚えておきたいものを挙げます。

L1　**ケア**＝看護。介護。
L4　**コミュニケーション**＝気持ちや意見などを、言葉や身振りなどで相手に伝えること。
L5　**肩を落とす**＝がっかりする。しょんぼりする。
L5　**もどかしさ**＝物事が期待どおりに進まなくて、いらいらすること。
L16　**からだを張る**＝命がけで行動する。
L23　**箸《はし》をつける**＝食べ始める。食事を始める。
L27　**察しがつく**＝現在の状況や相手の表情などから、ある程度のことが推測できる。
L33　**使命**＝与えられた重大な任務。責任をもって成し遂げなければならない務め。
L41　**レクリエーション**＝仕事・勉強の疲れを癒《い》やし、元気を回復するための休養や娯楽。
L42　**性に合う**＝性格や好みにぴったり合う。
L46　**担い手**＝ある物事を中心となって進める人。
L47　**物語をつむぐ**＝物語を作る。言葉をつなげて文章を作る。ある物事を責任をもって引き受ける人。

プラスα

問一は**「理由」**を尋ねている問題です。**すべての選択肢の文末が「〜から。」**という理由を表すものとなっていますね。

そのため、この傍線部が「結果」となるために、**どんな「原因・理由」があるのかを本文で確認する**必要があります。

プラスα

● 会話文の最後の句点(。)

「〜食べません」の最後には句点(。)がついていません。最近の商業出版物(新聞・本・雑誌など)では、閉じカッコ(」)の前の句点を省略することが多くなっています。

ただし、教科書では会話文の最後、閉じカッコの前に句点が入っています。また、小論文・作文の場合も、会話文の最後の句点は必要です。

このように、商業出版物と学校教育ではルールが異なっているので、注意してください。

それでは、**「記号選択問題」**に挑戦しましょう。

問一　傍線部①の理由として、最も適切なものを次の中から一つ選び、記号で答えなさい。

ア　その家固有の味付け、塩分、生活のようすの参考にならないから。
イ　その家以外の場所で作られたものの衛生状態が信用できないから。
ウ　実習できている医学生に食いしん坊を馬鹿にされたことがあるから。
エ　せっかく家族が作ってくれた食事を食べないのは失礼にあたるから。
オ　何も考えずおいしいとパクつくようでは看護学生と変わらないから。

さて、この問題は**傍線問題**なので、今までどおり**「傍線部を含む一文を読む」**ことから始めましょう。

ココに注目

● 傍線部①を含む一文全体(27〜28行目)

お店で買ってきて出されたものは、食べません①

今回は、**傍線部が一文全体**になっています。

こういう場合も、まず、傍線部そのものをしっかり読んで、一文の中に手がかりがないかを探します。

ただし、今回は一文の中には手がかりがなさそうです。

問一は**「理由」**を尋ねている問題です。なぜお店で買ってきて出されたものは、食べないのでしょうか？　それを考えてみましょう。

傍線部①は**北澤医師の会話の一部**です。**傍線部を含むカギカッコの会話文全体とその少し前のやりとり**を確認してみます。

ココに注目

●**傍線部①と、その前の部分**（22～28行目）

「～相手を知る方法は会話や観察の他にもある。僕が訪問先で手料理に箸《はし》をつけてるのは、どうしてだと思う？」

「せっかく作ってくれたものを食べないのは失礼だから…」

「まぁ、それもある。以前、実習にきた医学生は、先生、そんなにお腹が空いてたんですかって言いやがった。ははは。違うよ。手料理を食べれば、その家の味付け、塩分の加減がわかるやろ。甘さ、辛さ、しょっぱさで、アドバイスできる。食べ物で生活のようすも察しがつく。だから食べてるよ。お店で買ってきて出されたものは、食べません」

ここから次の図式が成り立ちます。

考え方の図式

〔手料理〕＝その家の味付け、塩分の加減が適当かどうかわかる。また、甘すぎる、辛すぎる、しょっぱすぎるなども家族にアドバイスすることができる。食べ物で生活のようすも察しがつく。

↑

だから、**手料理は食べる。**

しかし！

確認

＊**察しがつく**……現在の状況や相手の表情などから、ある程度のことが推測できる。

＋プラスα

記号選択問題では、選択肢を本文と照らし合わせて確認することが重要です。

ただし、本文の内容が選択肢の文に書いてあっても、傍線部とは関係がない場合があります。**傍線部とのつながりもきちんと確認する**ようにしましょう。

〔お店で買ってきた料理〕＝お店で買ってきたものは、お店の考えで作っているものである。家族にアドバイスすることができない。

←

だから、お店で買ってきたものは食べない。

この図式でまとめたことを頭に置いて、**すべての選択肢を確認してみましょう。**

ココに注目

○ ア　その家固有の味付け、塩分、生活のようすの参考にならないから。
→図式でまとめたとおりですね。これが正解。○

× イ　その家以外の場所で作られたものの衛生状態が信用できないから。×
→「衛生状態」については何も書かれていません。×

× ウ　実習できている医学生に食いしん坊を馬鹿にされたことがあるから。
→「食いしん坊」の話はありましたが、それと「お店で買ってきたものを食べない」こととは何の関係もありません。×

× エ　せっかく家族が作ってくれた食事を食べないのは失礼にあたるから。
→これは竹節さんの会話に出てきた内容ですね。×

× オ　何も考えずおいしいとパクつくようでは看護学生と変わらないから。×
→こんなことはどこにも書かれていません。×

「記号選択問題」では、**すべての選択肢に○×をつけて確認する**習慣をつけてください。図式から**ア**が答えだと思われますが、**他の選択肢が間違いであることを確認しましょう。**

まず**イ・オ**は、本文に全く書かれていないので、明らかな間違いとして、×にすることができます。

次に、選択肢の文に本文の言葉がある**ウ・エ**を、本文と照らし合わせながらチェックします。この二つは傍線部の理由としてはズレていますね。×です。

したがって、答えは**ア**で問題ありません。

ワンポイント

記号選択問題では、すべての選択肢に○×をつけて確認する！

次に、**問二**を見てみましょう。

問二 傍線部②の意味として、最も適切なものを次の中から一つ選び、記号で答えなさい。

ア 命に関わる病気のため何よりも優先して病名が重要である患者
イ その人らしさを持った個人としてではなく医療の対象として扱われる人
ウ 病名が五十音順で先にくる患者
エ 医療の対象としてではなくその人らしさを持った個人として扱われる患者
オ 死期が近いため皆で病名を共有し特別な医学的配慮をする患者

＋プラスα

問二は**「意味」**を尋ねている問題です。

問題となっている言葉の辞書的な意味も、もちろん重要ですが、**本文の中でどのような意味で使われているのか**をきちんと押さえましょう。

今回は、北澤医師の会話の中で出てくる言葉なので、北澤医師がこの言葉にどのような意味をもたせているのかが、重要となります。

これも**傍線問題**です。

まずは、**傍線部②を含む一文**をしっかり読んで、ヒントを探しましょう。

ココに注目

●**傍線部②を含む一文**（36～37行目）

②病名が先にくる患者としてではなく、世界でたった一人の、その人らしく生きてもらうこと。

一文の最後が「世界でたった一人の、その人らしく生きてもらうこと。」で終わっています。これだけではどういうつながりなのか、よくわかりませんね。

傍線部②は、北澤医師の会話の一部なので、**傍線部を含むカギカッコの会話文全体**に広げて読んでみましょう。

ココに注目

●**傍線部②を含む会話文（カギカッコ部分）全体**（36～39行目）

「そう、それ。僕は、最後まで、その人らしく生きてもらうために寄り添って、生活を支えようと思ってる。②病名が先にくる患者としてではなく、世界でたった一人の、その人らしく生きてもらうこと。それが在宅ケアの目的やね。人生最後の坂道だけでは見えない、その人らしい山あり谷ありの人生模様や、世のなかでの役割がわかってきたら、同じ人間として深い共感が湧いてくる。そこが医療者には大切だと思うな」

この会話文から北澤医師が考えている**「在宅ケアの目的」**がわかりますね。

確認

＊ケア……看護。介護。

すると、次の図式が成り立ちます。

考え方の図式

在宅ケアの目的

＝

病名が先にくる患者

⟷ではなく

「世界でたった一人の、その人らしく生きてもらうこと」が大事だということ。

傍線部②の「病名が先にくる患者」とはどんな患者なのでしょうか。

右の図式から、**「病名が先にくる患者」と「世界でたった一人の、その人らしく生きてもらうこと」が対比されている**ことがわかりますね。

このことから、次のようにいえるのではないでしょうか。

つまり！

病名が先にくる患者

＝

「その人らしく生きてもらうこと」ができない、病名だけが先走って、その人の内面を考えない処置、対応をされる患者

ということになります。

すると、答えはどうなるでしょうか。**すべての選択肢を確認してみましょう。**

ココに注目

× **ア** 命に関わる病気のため何よりも優先して病名が重要である患者

↓「**命に関わる病気**」**なんてどこにも書かれていません。×**

○ **イ** その人らしさを持った個人としてではなく医療の対象として扱われる人

↓図式などで見てきたとおりですね。これが正解。○

× **ウ** 病名が五十音順で先にくる患者

↓「**病名が五十音順**」**なんてどこにも書かれていません。×**

× **エ** 医療の対象としてではなくその人らしさを持った個人として扱われる患者

↓北澤医師は、まさにこれが必要だと言っているのですが、「**病名が先にくる患者**」**とは逆の患者ですね。×**

× **オ** 死期が近いため皆で病名を共有し特別な医学的配慮をする患者

↓こんなこと一言も書かれていません。×

ア・ウ・オは、本文にないので初めから×をつけることができますね。

イと**エ**を比べることになりますが、正しそうな**エ**に惑わされないようにしましょう。

イが正解です。

ワンポイント

選択肢の文に本文の言葉が使われていても、正解とは限らない！

＋プラスα

問三は本文全体を見て選択肢を選ぶ問題です。
「北澤医師の考え」、「北澤医師」がどのような人物であるのか、を本文から押さえる必要があります。

さて、問三です。

これは**本文全体を見て選択肢を選ぶ問題**です。

問三　北澤医師の考えとして最も適切なものを次の中から一つ選び、記号で答えなさい。
ア　患者や家族と気もちを通わせ友だちになることがまず大事である。
イ　患者や家族の人柄や思いを様々の手段で読み取ることが大事である。
ウ　会話や観察以外の方法で出来る限り情報を知ることが大事である。
エ　同じ人間としての深い共感に基づいて生活を支えることが大事である。
オ　関わり合いの難しさ、使命の重さを意識して実習に臨むのが大事である。

この問題では**「北澤医師の考えとして最も適切なもの」**を選ぶということですが、まずはすべての選択肢を読んでみましょう。

選択肢を読むと、**文の終わりがすべて「大事である。」**となっています。

ということは、**「北澤医師は何を大事であると考えている人なのか」**ということをとらえる問題だということになります。

その答えを探すことを意識して、本文全体を読み直してみましょう。

この文章は会話文で成り立っています。本文全体を読み直しながら、**北澤医師が「大事だ」「大切だ」「〜と思う」**などと述べているところ**すべてに線を引く**ようにしてください。

具体的には次の部分となります。

北澤医師が
「大事だ」
「大切だ」
「～と思う」
と述べているところ
に注目してね。

ココに注目

● 一点目 6行目

「いいとこに気づいたなぁ。コミュニケーション、大切だよ。それが欠けたら、在宅ケアはアウトや。～」

● 二点目 9～11行目

「そうだな、相手を知るってだいじだよ。世のなかの常識や医療の知識が足りないのは、これから勉強して身につければいい。でも、患者さんや家族の人柄や、その人が求めていることをつかもうとする姿勢は、ずうーっと持ち続けなければいけない。～」

● 三点目 32～33行目

「～患者さんや家族と気もちを通わせると、それ自体には達成感があるけど、僕らは友だちになるためにやってるんやない。寄り添って、支えるという医療者の使命がある。～」

● 四・五点目 36～39行目

「～僕は、最後まで、その人らしく生きてもらうために寄り添って、生活を支えようと思ってる。病名が先にくる患者としてではなく、世界でたった一人の、その人らしく生きてもらうこと。それが在宅ケアの目的やね。人生最後の坂道だけでは見えない、その人らしい山あり谷ありの人生模様や、世のなかでの役割がわかってきたら、同じ人間として深い共感が湧いてくる。そこが医療者には大切だと思うな」

この選択肢は丁寧に確認する必要がある問題だよ。

この**五点**を見つけることができましたか。この**五点をまとめる**と、

つまり！

- **本人や家族とよくコミュニケーションをとって、相手をよく知ることが大切である。**
- **最後まで、その人らしく生きてもらうために寄り添って、生活を支え、その人らしさを理解して共感することが大切である。**

と北澤医師は考えていることがわかります。

このことを頭に置いて、選択肢を見ていきましょう。

ココに注目

× ア　患者や家族と気もちを通わせ友だちになることがまず大事である。
↓32~33行目に「僕らは友だちになるためにやってるんやない」とあるので×。

○ イ　患者や家族の人柄や思いを様々の手段で読み取ることが大事である。
↓10~11行目に「患者さんや家族の人柄や、その人が求めていることをつかもうとする姿勢は、ずうーっと持ち続けなければいけない」とあるので○。

○ ウ　会話や観察以外の方法で出来る限り情報を知ることが大事である。
↓22~23行目に「相手を知る方法は会話や観察の他にもある」とあるので○。

○ エ　同じ人間としての深い共感に基づいて生活を支えることが大事である。
↓36~39行目に「僕は、最後まで、その人らしく生きてもらうために寄り添って、生活を支えようと思ってる。~その人らしい山あり谷ありの人生模様や、世のなかでの役割がわかってきたら、同じ人間として深い共感が湧いてくる」とあるので○。

× オ　関わり合いの難しさ、使命の重さを意識して実習に臨むのが大事である。×
↓これは北澤医師の考えではなく、44行目にある竹節さんの実感なので×。

さて、**ア・オ**は本文と異なるので除くことができますが、困ったことに○となった選択肢が三つもあります。

この設問は「北澤医師の考えとして**最も適切なもの**」とありました。ここから答えを比べて**「最も適切なもの」**を選ぶことになります。

このような場合、**選択肢を短く言い換えたり、読点(、)で区切って比較する部分をはっきりさせたりする**と、比べやすくなります。

- **選択肢を短く言い換える**
- **読点(、)で区切って比較する部分をはっきりさせる**

と選択肢の文が比べやすくなる。

ここでは選択肢の文にある「～ことが大事である。」の部分を取り除き、重要な部分を短くまとめて比べてみます。

イ　患者や家族の人柄や思いを様々の手段で読み取る　↓**人柄や思いを読み取る**
ウ　会話や観察以外の方法で出来る限り情報を知る　↓**情報を知る**
エ　同じ人間としての深い共感に基づいて生活を支える↓**生活を支える**

イ・ウは**「本人や家族とよくコミュニケーションをとって、相手をよく知ること」**の方を重視した考えで、エは**「最後まで、その人らしく生きてもらうために寄り添って、生活を支え、その人らしさを理解して共感すること」**の方を重視しています。

ここで、97ページでまとめたココに注目の**「三点目」**に注目してください。

ココに注目

● 32～33行目

「～患者さんや家族と気もちを通わせると、それ自体には達成感があるけど、僕らは友だちになるためにやってるんやない。寄り添って、支えるという医療者の使命がある。～」

つまり！

北澤医師は「患者さんや家族と気もちを通わせる」ことよりも「寄り添って、支える」ことに医療者の使命がある

と考えていることがわかります。

そうすると、イ・ウ・エの中では、エの**「同じ人間としての深い共感に基づいて生活を支えること」**が**「北澤医師の考えとして最も適切なもの」**といえます。

したがって、答えは**エ**となります。

「記号選択問題」では、**「最も適切なものを選ぶ」**と書かれていることがよくあります。

すべての選択肢を確認する習慣をつけておきましょう！

「最も」という言葉は、気をつけておきたい言葉です。

すべての選択肢を確認する習慣をつけておかないと、先に正解らしい**イ**を見つけたので、**エ**を確認しないまま**イ**を答えとして書いてしまう可能性があります。

このことからも**すべての選択肢を確認して必ず○×をつける**習慣をつけるようにしてください。

解答

問一　ア　問二　イ　問三　エ

ポイント　記号選択問題

1. すべての選択肢に○×をつけて確認する
2. 選択肢の文に本文の言葉が使われていても、正解とは限らない
3. 「選択肢を短く言い換える」「読点（、）で区切って比較する部分をはっきりさせる」と選択肢の文が比べやすくなる

item 6

記述問題

⇩別冊「問題編」p.19〜21

今回は、**「記述問題」**です。

字数の多い「記述問題」を苦手としている人は多いと思います。

しかし、「記述問題」を解く手順は「抜き出し問題」と同じです。**設問文から手がかりを探し、本文のどの場所を見ながら答えを作成するのかを決めます。**答えを一から作成することはほとんどありません。**本文の中で使える部分を抜き出し、それを土台として説明不足のところを補ったりする**ことで、答えを作成することができます。

そして、「記述問題」では、設問文での問われ方によって答えの文末が決まります。

● **「〜はなぜですか」**の場合、答えの最後を**「〜から。」「〜ため。」**にする。

● **「どのようなことを指していますか」**の場合、答えの最後を**「〜こと。」**にする。

といったルールがありましたね(→p.19)。この形にすることを忘れると減点されてしまうので、**「記述問題」の答えの最後の形は一番に確認してください。**

それでは、問題の解説を始める前に、問題文の大きな流れを押さえます。

あらすじをまとめよう！

＊別冊「問題編」の問題文を読んで、空欄に当てはまる語句を抜き出して書き入れましょう。

勉強するといちばんいいことは、知識が増えること以上に、（1 □□□□□□）ということである。勉強というものをすることによって、ある種の（2 □□□）という、メンタルコントロール（3 □□□□）の技術も学ぶことができる。

勉強するということの基本は、（4 □□□□□□□□□□□）である。耳を傾けて（5 □□）して聴くという心の構えが求められる。

（6 □□）たちの発見したことに対して耳を傾け、しっかりと聴くということが、学ぶということの基本だ。人の言葉を聴いている間は、（7 □□□□）的な態度をやめているということだからだ。

まずは相手の言っていることを受け入れてみようという、「（8 □□）的に（9 □□）的な構え」を、勉強・読書を通じてつくり上げる。これが学ぶ（10 □□）の基本なのだ。

知識や技を吸収するときには、人の言っていることに耳を傾けるという（11 □□）な態度が必要である。素直であるということが、学ぶという活動そのものの持っている（12 □□）なのだ。

解答

1 頭が良くなる　2 自制心　3 心の制御　4 人の言うことを聴くこと
5 我慢　6 先人　7 自己中心　8 積極　9 受動　10 構え　11 素直
12 本質

空欄にうまく言葉を当てはめることができましたか。

この文章での**話題**は**「勉強することについて」**といえます。**「勉強」「学ぶこと」**という言葉が何度も出てきていますね。

そして、**筆者が主張したいこと**は、12行目の**「勉強するということの基本は、人の言うことを聴くことである」**の部分です。**「聴く」**という言葉も何度も出てきています。

次に、問題文に出てきた語句の中で、特に覚えておきたいものを挙げます。

語句の意味

L4 **端的**＝わかりやすくはっきりしているさま。
L8 **言説**＝言葉による説明。意見を言うこと。
L13 **独善的**＝他人の考えを聞かず、自分だけが正しいと思っているさま。
L20 **虚心坦懐**《きょしんたんかい》＝少しのわだかまりもなく、気持ちがさっぱりして穏やかなさま。
L21 **受動的**＝受け身であるさま。自分の意志からでなく、外部からの力で動くさま。

では、字数の多い**「記述問題」**に挑戦してみましょう。

> **問一** 傍線部①はどんなことを言っていますか。六十字以内で説明しなさい。

まず、設問文に**「どんなこと」**と書かれているので、答えの最後は**「～こと。」**となります。

これを忘れないでください。

また、この設問は**「どんな」**という問題です。このように**「どんなことですか」「どういうものですか」**は、**言い換えや説明の表現を探す問題**です。

つまり、**問一**は**「傍線部①をどのように言い換えることができますか」**という問題で、**本文から傍線部①の言い換え部分を探す**ことになります。

ワンポイント

記述問題では、**設問文での問われ方によって答えの形が決まる！**

そして、**「六十字以内」**とあるので、答えの字数は、「六十字の八～九割からぴったり六十字まで」

つまり、「四十八字～六十字」が目安となります(↓ *p.25*)。**六十字を超えてはいけません。**

ただし、字数の多い記述問題の場合は、なるべく**字数ギリギリまでくわしく書く**ことを目標にしておきましょう。今回の場合は、四十八字では少ないと判断される可能性があるので、**九割の五十四字以上**は書くようにしたいところです。

確認

● **記述問題の文末表現**

- **「～はなぜですか」の場合**
  答えの最後を**「～から。」「～ため。」**にする。
- **「どのようなことを指していますか」の場合**
  答えの最後を**「～こと。」**にする。
- **「主人公の気持ちを答えなさい」の場合**
  答えの最後を**「～気持ち。」**にする。

設問文からわかる答えの条件をきちんと押さえよう！
「〜こと。」で終わる。
六十字以内で答える。

では、**設問文からわかる答えの条件**をまとめておきましょう。

① **「どんなこと」**なので、答えの最後は**「〜こと。」**。
② **「どんな」**という問題なので、**本文から傍線部①の言い換え部分を探す。**
③ **「六十字以内」**で書く。答えの字数は**「五十四字〜六十字」**が目標。

さて、この問題も**傍線問題**なので、**「傍線部を含む一文を読む」**ことから始めます。

ココに注目

● **傍線部①を含む一文全体**（10〜11行目）

①勉強というものをすることによって、ある種の自制心という、メンタルコントロール（心の制御）の技術も学ぶことができる。

傍線部①を見ると、**一文の全体**に傍線が引かれています。
つまり、今回の問題では、この**一文を言い換える**ことになるので、

勉強することによって、［　　　　　　　　］**こと。**

というような答えになると考えられます。
では、**傍線部全体**をよく読んで、**傍線部の中に手がかりがないか**を探しましょう。

ここでは、一文の中の「ある種の自制心**という、**」の**「という、」**に注目してください。

「Aという、B」という文では、**BはAの言い換え**になっています。

したがって、**AとBの内容はほぼ同じ**で、**A＝B**、というわけです。

となると、次の図式が成り立ちます。

考え方の図式

勉強する
↑
ある種の自制心
＝
メンタルコントロール（心の制御）の技術 ｝も学ぶことができる

ここから、

「【ある種の自制心＝メンタルコントロール（心の制御）の技術】とは何か」
ということを別の言葉で説明する

とよいことがわかります。

そこで、

「『ある種の自制心』についてわかりやすく書かれているところはどこか」、
「『メンタルコントロールの技術』とは何か、についてわかりやすく書かれているところはどこか」、
という視点で、**読む部分を広げていきます**。

確認

傍線部を言い換えるために語句の意味を細かく確認してみましょう。

***ある種の**……ある種類の。一種の。

***自制心**……自分の感情や欲望などを抑えたりコントロールしたりする気持ちや精神力。

***メンタルコントロール**……自制心のこと。

***制御**……押さえつけて自分の思うように動かすこと。

確認

● 指示語の内容の探し方

① 指示語を含む一文を読む。
② 指示語の直前を見る。
③ 探す範囲を前に広げる。
④ 指示語の後ろを探す。
⑤ 見つけた答えを当てはめる。

傍線部①を含む段落は短いので、まずここを読んでみましょう。

ココに注目

● 傍線部①を含む段落全体（10〜11行目）

①勉強というものをすることによって、ある種の自制心という、メンタルコントロール（心の制御）の技術も学ぶことができる。そういう心の技がセットで付いてくるわけである。これは、言ってみると人類の長年の知恵である。

傍線部①の直後に「そういう心の技」「これは、言ってみると」とあります。**「そういう」「これ」**は**指示語**です。**指示語の内容を明らかに**にして、傍線部とのつながりを見ていきましょう。

指示語の内容は、まず**指示語の直前**に注目するのでしたね（↓p.42）。

「そういう心の技」とは「ある種の自制心という、メンタルコントロール（心の制御）の技術」のこと。

また、「これ」は「勉強というものを〜わけである」の二文全体を指しています。

つまり、この段落では、**傍線部①と同じようなことが繰り返し書かれている**ことがわかります。

図式で表すと次のようになります。

考え方の図式

勉強する ←

ある種の自制心
＝
メンタルコントロール（心の制御）の技術 ｝も学ぶことができる
＝
心の技　がセットで付いてくる

←

人類の長年の知恵

同じことの繰り返しでは、答えを書きにくいので、**もっと具体的に書かれている部分がないか**、さらに**後ろの二段落**をチェックしてみましょう。

ココに注目

●傍線部①を含む段落の、後ろの二段落（12～18行目）

　考えてみれば当たり前のことにすぎない。勉強するということの基本は、人の言うことを聴くことである。耳を傾けて我慢して聴くという心の構えが求められる。「おれが、おれが」という自己中心的・独善的な態度を一度捨てる必要がある。「自分に理解できないことは全部価値がない」という、自分の好きか嫌いかが世界をすべて決めるという態度では何も学べないのだ。
　先人たちの発見したことに対して耳を傾け、しっかりと聴くということが、学ぶということの基本だ。そうした学ぶ構えができている人は、ほかの人に対しての意識を持つこともできやすい。人の言葉を聴いている間は、自己中心的な態度をやめているということだからだ。

傍線部①にもある**「勉強する」**に注目して、これらの段落をまとめてみましょう。

すると、ここは次の図式のような流れになっています。

考え方の図式

勉強するということの基本は、人の言うことを聴くこと

←

耳を傾けて我慢して聴くという心の構えが求められる

←

先人たちの発見したことに対して耳を傾け、しっかりと聴くということが、学ぶということの基本

←

そうした学ぶ構えができている人は、ほかの人に対しての意識を持つこともできやすい

←

人の言葉を聴いている間は、自己中心的な態度をやめているということだからだ

この中に**「自制心」や「メンタルコントロール」や「心の制御」の言い換えや説明に当たる**ことが書かれていないでしょうか。

- 耳を傾けて我慢して聴くという心の構えが求められる
- そうした学ぶ構えができている人は、ほかの人に対しての意識を持つこともできやすい
- 人の言葉を聴いている間は、自己中心的な態度をやめている

この部分が、**自分の「心の制御」の説明の部分**といえそうです。

記述問題では、本文中から使用する部分を見つけ、字数に合わせて調整しよう！

では、110ページの考え方の図式を、**自分の「心の制御」**という点でまとめてみましょう。

勉強することの基本は、人の言うことを聴くことであり、耳を傾けて我慢して聴くという心の構えを身につけることによって、自己中心的な態度をやめ、ほかの人に対しての意識を持つことができやすい。（九十二字）

これでは長いので、傍線部①と答えの形を確認して形を整え、**六十字以内**に調整していきます。

勉強というものをすることによって、ある種の自制心という、メンタルコントロール（心の制御）の技術も学ぶことができる。

←

勉強することによって、［　　　　］**こと。**

←

勉強することによって、

＋

勉強することの基本は、人の言うことを聴くことであり、耳を傾けて我慢して聴くという心の構えを身につけることによって、自己中心的な態度をやめ、ほかの人に対しての意識を持つことができやすい。

同じようなことなので削除

「自己中心的な態度をやめる」方が「自制心」の説明として適切なので、後ろを削除

＋

ることができるということ。

「こと」に続くように言葉を補う

答えを書くときはあせらず、丁寧に書きましょう！

このように記述問題では、**本文中から使えそうな部分を見つけ、字数に合わせて調整する**ことで答えを作成することができます。

そして、文字を減らす場合は、**同じような言葉や表現を削除したり、言葉を短く言い換えたりして調整します。**

ワンポイント

記述問題では、本文中から使用する部分を見つけ、字数に合わせて形を整える！

解答例

勉強することによって、耳を傾けて我慢して聴くという心の構えを身につけ、自己中心的な態度をやめることができるということ。（五十九字）

もう一問、**「記述問題」**に挑戦しましょう。

> **問二**　傍線部②はどんなことを言っていますか。四十字以内で説明しなさい。

まずは、問一と同じように設問文から答えの条件を確認しましょう。

① **「どんなこと」**なので、答えの最後は**「〜こと。」**。

② **「どんな」**という問題なので、**本文から傍線部②の言い換え部分を探す。**

③ **「四十字以内」**なので、答えの字数は**「三十六字〜四十字」**。

これらに注意して答えを作成していくことになります。

そして、これも**傍線問題**なので、まずは**傍線部を含む一文を確認してヒントを探す**ことから始めましょう。

ココに注目

● **傍線部②を含む一文**（23行目）

学ぶ構えの基本は、受動的であることに積極的な「積極的受動性」②である。

「受動的であることに積極的な『積極的受動性』」とは何か？ これが説明できればいいわけですね。

一見、正反対の意味をもつ二つの言葉が合体した**「積極的受動性」**とは、どういうことを表しているのでしょうか。

傍線部②を含む段落全体を読んでみましょう。

ココに注目

● **傍線部②を含む段落全体**（23〜25行目）

学ぶ構えの基本は、受動的であることに積極的な「積極的受動性」②である。自己表現の意欲があるのは構わない。表現するためにいろいろなものを読んで、自分のものにしてそれで表現するのが、筋道なのだ。モーツァルトが音楽の技法・文法を修得して表現したように、である。

傍線部②を含む一文の後ろの文は**「積極的」「受動的」の具体例**を示しています。

確認

傍線部を言い換えるために語句の意味を細かく確認してみましょう。

＊**受動的**……受け身であるさま。自分の意志からでなく、外部からの力で動くさま。

＊**積極的**……行動的に物事を進んでするさま。

本文に使えそうな表現がないか探しましょう！

この段落全体をまとめると、次の図式のようになります。

考え方の図式

学ぶ構えの基本＝受動的であることに積極的な**「積極的受動性」**

↑

- 自己表現の意欲がある
- 表現するためにいろいろなものを読んで、自分のものにしてそれで表現する

← モーツァルトが音楽の技法・文法を修得して表現したように

つまり！

「積極的受動性」とは「学ぶ構えの基本」であり、「自己表現の意欲」をもち、「表現するためにいろいろなものを読んで、自分のものにしてそれで表現する」こと。

でも、これだけではわかりにくいですね。他の場所に**「積極的受動性」**と関わる部分がないでしょうか。

「積極的に受動的な構え」という言葉がある、**傍線部②の前の段落**を読んでみましょう。

ココに注目

- **傍線部②の前の段落**（19～22行目）

本を読むということも、同じく聴く構えを要求される。著者に対して一〇〇パーセント同意する

のではないまでも、耳を傾け虚心坦懐《きょしんたんかい》に、つまり心をすっきりさせて、読むわけだ。もちろん反発もあるかもしれないが、まずは相手の言っていることを受け入れてみようという、「積極的に受動的な構え」を、勉強・読書を通じてつくり上げる。これが学ぶ構えの基本なのだ。

「積極的に受動的な構え」の前には**「という、」**という言葉があります。**「Aという、B」**の場合、**AとBはほぼ同じ意味**となるのでしたね(↓p.107)。

また、「積極的に受動的な構え」を含む一文の後ろの文には、「**これ**が学ぶ構えの基本なのだ」と**指示語**があります。

これらを踏まえると、この段落全体は、次の図式のようにまとめられます。

考え方の図式

本を読むということ＝聴く構え

↓

著者に対して一〇〇パーセント同意するのではないまでも、耳を傾け虚心坦懐に、つまり心をすっきりさせて、読む

↓

もちろん反発もあるかもしれないが、まずは相手の言っていることを受け入れてみよう

＝

積極的に受動的な構え

↓

これが学ぶ構えの基本なのだ

つまり！

「**積極的に受動的な構え**」とは「学ぶ構えの基本」であり、「著者に対して一〇〇パーセント同意するのではないまでも」「まずは相手の言っていることを受け入れる」こと。

114ページでまとめたものと、右でまとめたものとを比較してみましょう。

● **「積極的受動性」とは「学ぶ構えの基本」であり、「自己表現の意欲」をもち、「表現するためにいろいろなものを読んで、自分のものにしてそれで表現する」こと。**

● **「積極的に受動的な構え」とは「学ぶ構えの基本」であり、「著者に対して一〇〇パーセント同意するのではないまでも」「まずは相手の言っていることを受け入れる」こと。**

この二つの段落が同じようなことを述べていることがわかりますね。

「積極的」「受動性」にうまく当てはまる説明をこの二つから取り出して、**四十字以内**でまとめてみましょう。

「積極的」……自己表現の意欲をもち、いろいろなものを読んで、自分のものにして表現する

「受動性」……まずは相手の言っていることを受け入れる

解答例

相手の言っていることを受け入れ、自己表現の意欲をもって自分のものとすること。（三十八字）

最後に、**実際に答えを書くとき**は、いきなり答えを書きこむのではなく、**下書きをして字数を確認してから解答用紙に記入する**ようにしましょう。

ワンポイント

下書きをして字数を確認してから解答用紙に記入する！

解答

問一 解答例 勉強することによって、耳を傾けて我慢して聴くという心の構えを身につけ、自己中心的な態度をやめることができるということ。（五十九字）

問二 解答例 相手の言っていることを受け入れ、自己表現の意欲をもって自分のものとすること。（三十八字）

ポイント 記述問題

1. 設問文での問われ方によって答えの形が決まる
2. 本文中から使用する部分を見つけ、字数に合わせて形を整える
3. 下書きをして字数を確認してから解答用紙に記入する

item 7

小説の問題

⇩別冊「問題編」p.22〜24

今回は、**「小説の問題」**です。看護医療系の入試では、「小説」が出題されることは少ないのですが、「小説の問題」の考え方・解き方もきちんと確認しておきましょう。

10ページで確認したように**「小説」**は、**「登場人物」「場面」「事件」**で成り立っています。**「誰が」「いつ・どこで」「何をしたか」**を初めに押さえるようにしましょう。

また、**「小説」で一番重要なこと**は、**登場人物の心情をとらえる**ことです。話の流れを押さえるうえでも重要ですし、心情を問う問題も多く出題されるので、登場人物の心情には注意しましょう。

14ページからの説明をおさらいしておいてください。

それでは、問題の解説を始める前に、問題文の大きな流れを押さえます。

あらすじをまとめよう！

＊別冊「問題編」の前書きと問題文を読んで、空欄に当てはまる語句を抜き出して書き入れましょう。

僕と今井花香は中学（1 □□□）。花香は将来の（2 □□□□□□）候補と言われた水泳選手だったが、自転車で転んで足に（3□□）をしてから、泳ぐことをやめてしまっていた。

花香は僕に泳ぐことに対する思いをぶつけてきた。「勝つことの（4□□□）が分かってきて、そのためなら何でも（5□□）にしてもいいって思ってた。でも、こんなんじゃどうしようもないのよ。怪我してから初めて水に入った時、全然違ったから。ショックだった。それまでは、泳ぐことなんて歩くのと同じだったのに、水が凄《すご》く（6□□）て、全然前に進まなかった」「ずっと積み重ねてきたものを、あんな馬鹿な事故でなくしちゃったのよ」と。

花香は、燃え上がるような目つきで僕を睨《にら》んだ。レベルが高いが故に、花香は（7□□□□□）に身悶《みもだ》えしたのだ。だけど、水泳選手としての彼女は死んでいない。彼女の目に宿った炎は、超一流の選手だけが持つ本能の光なのだ。誰かが（8□□）を押してやりさえすれば。

「もういいでしょう？（9□□□）おいてよ、お願いだから」という花香に対して、僕は次のように言った。「（10□□）から始めて、ジュニア記録を出したのが十一歳の時だろう？（11□□）かかってるんだよな。でも、一度やったことだから、今度は（12□□□□□）できるんじゃないか。それに、これから七年経ってもまだ（13□□□□）だぜ」。

顔を上げた花香の目には、まだ（14□）が浮かんでいる。だけどそれは（15□□□）や（16□□□）が燃やす炎ではなく、（17□□）、あるいは（18□□）の表れのようだった。

問題文の「前書き」は大きなヒントになるので、きちんと押さえておきましょう。

解答

1 二年生　2 オリンピック　3 怪我　4 面白さ　5 犠牲　6 重く
7 もどかしさ　8 背中　9 放って　10 四歳　11 七年　12 もっと早く
13 二十一歳　14 炎　15 憎しみ　16 悔しさ　17 自信　18 闘志

この問題文では、**「前書き」**でこの**小説の背景**をまとめてくれています。こうした**「前書き」は必ず押さえておく**ようにしましょう。

登場人物は**「僕」**と**「(今井)花香」**の二人です。

場面は泳ぐことのできる場所なので、おそらく**プール**でのできごと。

事件は(事件というほどのものではありませんが)、**花香が僕に泳ぐことに対する思いをぶつけてきたこと**、といえるでしょう。

そして、**初めと終わりで心情が変化した人物**は**「花香」**ですね。

次に、問題文に出てきた語句の中で、特に覚えておきたいものを挙げます。

語句の意味

L11 **抵抗**＝①外部から加わる力に対して、逆らうこと。②素直に受け入れがたい気持ち。③液体や気体の中を運動する物体が流れから受ける、運動と逆方向の力。
L16 **もどかしさ**＝物事が期待どおりに進まなくて、いらいらすること。
L16 **身悶《みもだ》えする**＝苦しみや苛立《いらだ》ちなどのため、体をくねらせるように動かす。
L17 **自棄《やけ》になる**＝物事が期待どおりに進まなくて、どうにでもなれと乱暴に振る舞う。
L17 **すがる**＝頼りとするものにしっかりつかまる。
L29 **闘志**＝戦おうとする意欲。

では、**「小説の問題」**に挑戦しましょう。

> **問一**　傍線部①はなぜか。「～のため」につながる形で、本文中より四字の語句を抜き出しなさい。

まず、設問文をチェックしましょう。

これは、**「なぜか」**と理由を尋ねている問題です。また、**「～のため」につながる「四字の語句」**を**本文から抜き出します**。ここに線を引いておきましょう。

そして、これは**傍線問題**です。「評論」と同じく、**「傍線部を含む一文を読む」**ということから始めます。

傍線部①を含む一文を確認してみましょう。

ココに注目

● **傍線部①を含む一文**（5～6行目）

それまでは、泳ぐことなんて歩くのと同じだったのに、水が凄《すご》く重くて、①全然前に進まなかった

傍線部①の直前、**「水が凄く重くて、」**に注目してください。

「○○○て、□□□□（＝Aて、B）」という文の流れの場合、**AはBの理由**となっていることが多いのです。

ここでは、「水が凄く重くて、全然前に進まなかった」となっているのですから、**「全然前に進まなかった」理由は、「水が凄く重かったから」**といえます。

確認

傍線部①「全然前に進まなかった」の最後には句点（。）がついていません。これは、89ページ上段で説明したのと同様、閉じカッコ（」）の前の句点が省略されているからです。

ただし、「水が凄く重く」は六字ですし、「～のため」にもつながりません。

そこで、**同じような意味をもつ「四字の語句」を探す**ことになります。

探し始める前に傍線部①を含む一文を丁寧に見て、**一文全体**を確認しておきましょう。

この前の部分には「それまでは、泳ぐことなんて歩くのと同じだった**のに、**」の**「のに、」（逆接的な表現）**があります。

「○○○○のに、□□□□（＝Aのに、B）」という文の流れでは、**AとBはほぼ逆の内容**が書かれています。

したがって、傍線部①を含む一文は次のような図式になります。

考え方の図式

それまでは、泳ぐことなんて歩くのと同じだった
のに ⟷ **逆接**

水が凄く重くて
だから ← **理由**
全然前に進まなかった

これらをまとめると、**「歩くのと同じくらい簡単に泳ぐことができていたが、全然前に進まなかった。『なぜなら』水が凄く重かったから。」**となります。

つまり！

水が凄く重いので、泳ぐときに前に進まない

ということです。

そこで、**「泳ぐときに水が凄く重い」**という内容を**「四字の語句」**で表しているところを探しましょう。また、これは**花香の会話の中の言葉**なので、**花香が「泳ぐ」**ことを表現しているところを探します。

ココに注目

● 11〜13行目

「水の抵抗がなくなって、逆に後ろから水に押されるような感じ。それが全部消えちゃって、泳いでも苦しいだけだった。何年もかけてやっと体で覚えたのに。それを取り戻せるかどうか……ずっと積み重ねてきたものを、あんな馬鹿な事故でなくしちゃったのよ」

11行目に**「水の抵抗」**という**四字の語句**があります。

この**「抵抗」**の意味は、**「液体や気体の中を運動する物体が流れから受ける、運動と逆方向の力」**です。流れるプールなどで流れと逆に進もうとするときに受ける水圧をイメージしてもらうとわかりやすいと思います。

これは、**「水の抵抗のため」**とすることができるので、設問文の**「『〜のため』につながる形」**という条件にも当てはまりますね。

確認

＊**抵抗**……①外部から加わる力に対して、逆らうこと。②素直に受け入れがたい気持ち。③液体や気体の中を運動する物体が流れから受ける、運動と逆方向の力。

次に問二に挑戦しましょう。これは**「小説の問題」**で頻出の**「気持ちを尋ねる問題」**です。

> **問二**　傍線部②に現れた花香の気持ちはどのようなものか。本文中より七字の語句を抜き出しなさい。

まず、設問文をチェックしましょう。

これは、**「花香の気持ち」**を尋ねている問題です。また、**「七字の語句」**を**本文から抜き出します**。ここに線を引いておきましょう。

そして、これも**傍線問題**です。**「傍線部を含む一文を読む」**ということから始めましょう。

傍線部②を含む一文を確認しますね。

ココに注目

> ●**傍線部②を含む一文**（14行目）
> 花香が、②燃え上がるような目つきで僕を睨《にら》んだ。

「燃え上がるような目つきで僕を睨んだ」という部分に注目します。

「○○○○で、□□□□（＝Aで、B）」（「、」はないこともあります）という文の流れでは、**AとBはほぼ同じ内容**になることが多いのです。

したがって、**「燃え上がるような目つき」**とは、**「僕を睨んだ」ときの表情**だということです。

さて、**心情をとらえるためには、心情語、登場人物のセリフ・動作、周りの情景に気をつけることが重要**でした（→p.14）。上段にもう一度まとめていますので、確認しておいてください。

花香の動作「燃え上がるような目つきで僕を睨んだ」の**「燃え上がるような」という比喩《ひゆ》表現**は、花香のどういう気持ちを表しているのでしょうか。

また、なぜ、花香は僕を睨んだのでしょうか。

傍線部②は、**段落の始まりの部分**です。そこで、読む部分を**段落全体**に広げて、答えの手がかりを探しましょう。

ココに注目

● **傍線部②を含む段落全体**（14〜18行目）

花香が、②燃え上がるような目つきで僕を睨んだ。顔を水につける――炎と水がぶつかり合い、炎が勝った。ざぶりと体を沈めると、水の中から僕を見上げる。揺れる水の中で、しっかりと炎が燃えていた。レベルが高いが故に、花香はもどかしさに身悶《みもだ》えしたのだ。言うことをきかない体。失われる技術。だけど、水泳選手としての彼女は死んでいない。自棄《やけ》になったつもりで、自分の力にまだすがっている。彼女の目に宿った炎は、超一流の選手だけが持つ本能の光なのだ。

この段落の中で、**花香の心情が表れているところ**はどこでしょうか。

確認

● **心情をとらえるポイント**

① **心情語**（「〜と思った」「〜と気づいた」と直接書かれている部分、喜怒哀楽などの直接的な表現）

例 手を上げたのが自分一人だと知って、恥ずかしくなった。

② **セリフ**（独り言も含む）

例 「信じられない。なんてひどい人！」

→怒っている気持ちを表す。

③ **動作**（行動・態度・表情なども含む。体の一部を使った慣用句にも注意）

例 先生の姿を見てこそこそと隠れた。

→後ろめたい気持ちを表す。

例 彼はほっと胸をなで下ろした。

→安心した気持ちを表す。

④ **情景**

例 灰色の雲がどんより浮かんでいた。

→たいてい暗い気持ちの比喩に用いられる。

確認

＊もどかしさ……物事が期待どおりに進まなくて、いらいらすること。

＊身悶えする……苦しみや苛立ちなどのため、体をくねらせるように動かす。

＊自棄になる……物事が期待どおりに進まなくて、どうにでもなれと乱暴に振る舞う。

＊すがる……頼りとするものにしっかりつかまる。

次の表現に注目してみましょう。

・顔を水につける――炎と水がぶつかり合い、炎が勝った。
・揺れる水の中で、しっかりと炎が燃えていた。
・彼女の目に宿った炎は、超一流の選手だけが持つ本能の光なのだ。

→**（比喩）情熱はまだまだある**

＝**「燃え上がるような目つき」**

・花香はもどかしさに身悶えしたのだ。**（動作）→苛立ち**
・自棄になったつもりで、自分の力にまだすがっている。**（動作）→泳ぐことを諦めきれない**

これらをまとめると、次のようになります。

考え方の図式

花香

（怪我をする前の高いレベルの泳ぎが、今は失われている）もどかしさに身悶えした＝苛立ち

←だけど

自棄になったつもりで、自分の力にまだすがっている＝泳ぐことを諦めきれない

←

「目に宿った炎」＝「燃え上がるような目つき」

＝

まだ情熱は失われていない

ここでは、**「燃え上がるような目つき」**を**「炎」「目に宿った炎」**と表現しています。

小説では、登場人物の心情の変化をとらえましょう！

花香の情熱はまだ失われておらず、泳ぐことを諦めきれない苛立ちを感じているのです。そうした気持ちが**「七字の語句」**で表現されているところはどこでしょうか。
「炎」に注目して、さらに後ろの部分を見ていきましょう。

ココに注目

● 28～29行目
顔を上げた花香の目には、まだ炎が浮かんでいる。だけどそれは憎しみや悔しさが燃やす炎ではなく、自信、あるいは闘志の表れのようだった。

すると、28行目の**「憎しみや悔しさ」**が見つかります。これは先ほど確認した「苛立ち」に関連する言葉ですし、**設問文の条件の七字**も満たしていますね。

さて、もどかしさに身悶えして、苛立っていたときの、14～18行目の**「炎」**はここで見つけた**「憎しみや悔しさ」**ですが、最後の**「炎」**は**「自信、あるいは闘志の表れ」**とあります。
つまり、**花香の心情は初めと終わりでは大きく変化している**ことになります。
最初の通読のときや設問を解くときに、このような**登場人物の心情の変化**をきちんととらえておきましょう。そうしたことが他の設問のヒントになることがあります。

ワンポイント

小説問題では、**登場人物の心情の変化をとらえる！**

小説では、セリフはとても重要だよ。誰のセリフか注意して、丁寧に読んでいこう！

では、**問三**に挑戦しましょう。これも**「気持ちを尋ねる問題」**です。

> **問三**　傍線部③は、花香のどのような気持ちから出たと考えられるか。「〜気持ち」につながる形で、本文中より六字の語句を抜き出しなさい。

まず、設問文をチェックしましょう。

これも問二と同様、**「花香の気持ち」**を尋ねている問題です。また、**「〜気持ち」につながる「六字の語句」**を**本文から抜き出します**。ここに線を引いておきましょう。

そして、これも**傍線問題**です。今回の傍線部③は**一文全体**で、しかも、**セリフ（会話文）の一部**です。

さて、**傍線問題**ではまず**「傍線部を含む一文を読む」**ことから始めます。そして、一文で手がかりが見つからないときは、**「傍線部を含む段落全体」**や**「傍線部を含むカギカッコのセリフ全体」**を読みます。このように少しずつ読む範囲を広げていくのでしたね。

「小説」は、セリフ（会話）が多く出てくるので、この**「傍線部を含むカギカッコのセリフ全体」**を読む機会が多くなります。

ワンポイント

小説問題では、**カギカッコのセリフ全体を読む！**

今回も、**カギカッコのセリフ全体**を読んでみましょう。

ココに注目

● **傍線部③を含むカギカッコ全体**（21行目）

「もういいでしょう？　放っておいてよ、お願いだから」

傍線部の前にある**「もういいでしょう？」**というのは、**「もう（この話をやめても）いいでしょう？」**ということです。このカギカッコのセリフまでに、「僕」と「花香」は「花香が泳ぐこと」について話していましたね。

問一、**問二**を解きながら見てきた内容をもう一度整理して、流れを確認してみましょう。

考え方の図式

それまでは、泳ぐことなんて歩くのと同じだったのに、水が凄く重くて、全然前に進まない

←

（怪我をする前の高いレベルの泳ぎが、今は失われている）もどかしさに身悶えした＝苛立ち

← **だけど**

自棄になったつもりで、自分の力にまだすがっている＝泳ぐことを諦めきれない

←

まだ情熱は失われていない

←

「もう（この話をやめても）いいでしょう？　放っておいてよ、お願いだから」

花香は、「この話＝自分が泳ぐこと」に対して、もうあれこれ言わないでほしい、自分を放っておいてほしい、と言っています。

つまり！
花香は自分にもう構わないでほしい、どうにでもなれと乱暴に振る舞っている

ということになります。

花香のセリフや態度の部分に注目して、こうした気持ちを表す**「六字の語句」**を探してみましょう。すると、17行目の**「自棄になった」**が見つかります。

以前のように泳げないことに対する、花香の苛立つ気持ちを表す言葉としては、「もどかしさ」も当てはまりますが、五字ですし、「『〜気持ち』につながる形」にも合いません。**「自棄になった気持ち」**ということができるので、こちらの方が適切です。上段にもまとめておきましたが、**抜き出し問題のポイント**をもう一度見直しておきましょう（→ *p. 85*）。

また、小説では、**心情や態度を表す言葉や慣用句**などを知らないと、登場人物がどのような気持ちでいるのかわからないことがあります。

例えば、「悔しい」気持ちを表すために、作者は「口惜しい」「情けない」「地団駄を踏んだ」「歯ぎしりした」「涙をのんだ」などなど、その場に応じたいろいろな表現を使います。

めんどうくさくても、**わからない語句はきちんと辞書で意味を調べて、言**

確認

● **抜き出し問題のポイント**

① 解く前に、設問から「何を探すのか」を押さえる。
② 傍線部や空欄を含む一文を読むことから始める。
③ 答えがすぐに見つからず、時間がかかりそうならば、後回しにする。
④ 抜き出す部分（答え）には線を引いて、正確に書き写す。

葉の知識を増やしていきましょう。

ワンポイント

小説問題では、**言葉の知識も重要！**

解答

問一　水の抵抗（四字）

問二　憎しみや悔しさ（七字）

問三　自棄になった（六字）

ポイント　小説問題

1 登場人物の心情の変化をとらえる

2 カギカッコのセリフ全体を読む

3 言葉の知識も重要

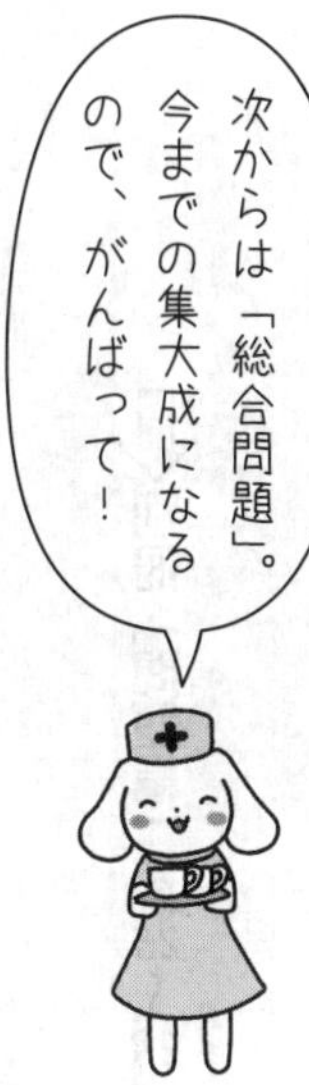
次からは「総合問題」。今までの集大成になるので、がんばって！

item 8

総合問題【評論】

⇩別冊「問題編」p.25～28

さて、最後に実戦練習として、**評論・小説の総合問題**に挑戦しましょう。まずは、**評論の総合問題**です。

この問題には、空欄補充問題、記号選択問題など、**今まで設問パターンごとに見てきたことが、すべて入っています**。もう一度、答え方を確認しながら解いていってください。もし、わからないものが出てきたら、それぞれの解説ページに戻って見直しましょう。また、今回は漢字の書き取り、読み問題も入っています。

それでは、まず問題文の大きな流れを押さえます。

あらすじをまとめよう！

＊別冊「問題編」の問題文を読んで、空欄に当てはまる語句を抜き出して書き入れましょう。

小さな村のなかで一日が完結する生活。それが、ほんの（1 □□□）年前までの、平均的な日本人の暮らし方であった。いまでは、ひとりの人間が日帰りできる範囲は、（2 □□□）を使えば半径二〇〇キロメートル、（3 □□□）を使えば一〇〇〇キロメートルを優に超えている。わたしたちの行動できる

「（4□□）」は、ぐんぐん広がっているように見える。

激変したのは（5□□）手段ばかりではない。現代は、さまざまなメディアが登場・普及し、（6□□）環境が劇的に変化して、わたしたちが認識できる「（7□□）」は限りなく広がったようにも見える。

わたしたちの「（8□□□□□□）」は、単純に、交通手段や情報環境の発達と正比例して向上するものだろうか。残念ながら、答えは「（9□）」である。

わたしたちの認識は、自分の生きてきた時代や環境に大きく左右される。認識できる「世界」はきわめて（10□□）的なのであり、場合によっては、大きく歪《ゆが》められた「（11□□）」像しか見えなくなることもある。

一方で、これほど情報環境が発達したにもかかわらず、「（12□□）を知る」ことがますます（13□□）になったと感じている人も増加している。果てしなく茫漠《ぼうばく》と広がり、しかも絶えず激動する「世界」が、手持ちの（14□□□□）ではさっぱり見えなくなってきているからだ。

評論・随筆の書名(出典)が、問題を解くヒントになることもあるので、注意してね！

解答

1 百数十　2 自動車　3 航空機　4 世界　5 交通　6 情報　7 世界
8 世界を知る力　9 否　10 限定　11 世界　12 世界　13 困難
14 世界認識

この問題文では、**前半が具体例**となっていて、**後半で筆者の考え**がまとめられています。また、問題文の最後にある**書名(出典)に注目**してください。『**世界を知る力**』とありますね。この言葉は16行目にも出てきます。

評論の書名は、**筆者がこの文章で最も示したいテーマ**です。**書名が本文にも出てきたときには要注意**です。

ただし、入試は長い文章の一部を使いますから、書名とは異なる話題がメインとなっている場合もあります。

語句の意味

次に、問題文に出てきた語句の中で、特に覚えておきたいものを挙げます。

L3　**目をむく**＝怒ったり、驚いたりして目を大きく開く。
L12　**ボーダーレス**＝境界がないこと。国境がないこと。
L13　**メディア**＝情報伝達を媒介するもの。媒体。特にインターネット・パソコン・テレビ・ラジオ・新聞など。
L13　**普及**＝広く行き渡ること。
L15　**強弁**＝無理に理屈をつけて、自分の意見などを言い張ること。
L21　**鋳型**《いがた》＝①鋳物《いもの》を鋳造《ちゅうぞう》するための型。②物事をはめこむ決まりきった枠。
L23　**偏狭**＝偏った狭い考え方にとらわれること。度量の狭いこと。
L27　**茫漠**《ぼうばく》＝広くてとりとめのないさま。ぼんやりしてはっきりしないさま。
L28　**漫然**＝特別の目的や意識をもたず、いい加減に行うさま。ぼんやりしているさま。

では、早速、問題に挑戦していきましょう。

> **問一**　傍線部a～eについて、カタカナは漢字に、漢字はかなに直しなさい。

a「着目」、b「脳裏」、c「完結」、d「ひるがえ(って)」、e「断片」です。cの「カンケツ」は同音異義語の「簡潔」と間違わないようにしましょう。

漢字などの知識事項については、同じシリーズに『**看護医療系の国語常識**』という本があります。知識事項が苦手な人はそちらの本も参考にしてください。

> **問二**　［A］［B］［C］に入る言葉として、最も適切なものを次の中からそれぞれ選び、記号で答えなさい。
>
> ア　だから　イ　ところで　ウ　だが　エ　たしかに　オ　ただし

接続語を入れる空欄補充問題です(→*p. 32*)。選択肢の接続詞などの種類を上段にまとめておきますので、確認しておいてください。

空欄補充問題では、**空欄を含む一文を読んでヒントを探す**ことから始めるのでしたね。

まず、**空欄Aを含む一文**を確認してみましょう。空欄Aを含む一文は疑問文です。**疑問の答えになっている、その後ろの一文まで**一度に見ておきましょう。

確認

＊**脳裏**……頭の中。心の中。

＊**翻って**……これとは反対に。今までとは別の立場や方面から見るさま。

＋プラスα

選択肢の接続語の種類を確認してみましょう。

ア　だから
……接続詞／順接

イ　ところで
……接続詞／転換

ウ　だが
……接続詞／逆接

エ　たしかに
……形容動詞の連用形／譲歩(確認・強調)

オ　ただし
……接続詞／説明・補足

ココに注目

●**空欄Aを含む一文と、その後ろの文**（16〜18行目）

A 、わたしたちの「世界を知る力」は、単純に、交通手段や情報環境の発達と正比例して向上するものだろうか。

残念ながら、答えは「否」である。

空欄Aは一文の先頭にあります。接続語は前の文と後ろの文のつながりを示す言葉ですから、**空欄Aを含む一文と、その前の部分とのつながり**が重要です。**前の段落**を確認しましょう。

ココに注目

●**空欄Aを含む一文の、前の段落**（12〜15行目）

激変したのは交通手段ばかりではない。現代は、ヒト・モノ・カネ・技術・情報が、ボーダーレスに、つまり「境界なし」で交流する時代である。ラジオからテレビ、そしてインターネットへと、さまざまなメディアが登場・普及し、情報環境が劇的に変化して、わたしたちが認識できる「世界」は限りなく広がったようにも見える。「 X 」と強弁する人がいたとしても不思議ではないだろう。

この段落では、「さまざまなメディアが登場・普及」したこと、「情報環境が劇的に変化」したことが述べられています。

空欄Aの前後をまとめると、次のような流れになります。

確認

＊**メディア**……情報伝達を媒介するもの。媒体。特にインターネット・パソコン・テレビ・ラジオ・新聞など。

＊**普及**……広く行き渡ること。

＊**強弁**……無理に理屈をつけて、自分の意見などを言い張ること。

くわしく

譲歩構文

まず、一般論を述べ、その後、逆接（「しかし」など）の後ろで筆者の本当に言いたいことを述べるパターンを、**「譲歩構文」**と呼びます。

〈たしかに／もちろん／なるほど〉 A 〈しかし／だが／（逆接）〉 B

Aで一般論・常識的な見解を述べておく

← 逆接 でその説を否定

Bで筆者の本当に言いたいことを述べる

このパターンでは、逆接の後ろのB（筆者の言いたいこと）の方が重要。

＊この問題文では一般論の部分で、「たしかに」「もちろん」といった言葉が使われていません。

考え方の図式

交通手段だけでなく、情報環境が劇的に変化して、わたしたちが認識できる「世界」は限りなく広がったようにも見える。

A ←

わたしたちの「世界を知る力」は、単純に、交通手段や情報環境の発達と正比例して向上するものだろうか。

←

残念ながら、答えは「否」である。

「わたしたちが認識できる『世界』は限りなく広がったようにも見える」と述べておきながら、「向上するものだろうか」と**疑問**を述べ、その疑問を「『否』である」と**否定**しています。

つまり！

前で一般的・常識的なことを述べて、それを後ろで否定することで、自分が主張したいことを強調する話の進め方

になっています。

こうしたパターンを**「譲歩構文」**といいます。

したがって、この流れでは、空欄Aに「でも」や「しかし」などのような**逆接**の接続語が入ることになります。選択肢の中で選ぶと、答えは**「ウ　だが」**です。

次に、空欄Bです。まずは**空欄Bを含む一文**を確認します。

すると、空欄Bを含む一文は**段落の最初の一文**なので、**段落全体**を確認してみましょう。

ココに注目

●**空欄Bを含む段落全体**(23～25行目)

B、「世界を知る」といいつつ、実は、偏狭な認識の鋳型《いがた》で「世界」をくり貫《ぬ》いているだけということが生じたりする。鋳型が同じであるかぎり、断片的な情報をいくら集めたところで、「世界」の認識は何も変わらない。固まった世界認識をもつことは、「世界」が大きく変化する状況では非常に危険なことである。

「偏狭な認識の鋳型で『世界』をくり貫いている」という**比喩《ひゆ》**の部分がつかみにくいですね。「偏狭」とは**「自分だけの狭い考えにとらわれること」**。**「鋳型」**というのは「鋳物《いもの》を鋳造《ちゅうぞう》するための型」のことで、そこから、**「物事をはめこむ決まりきった枠」**を表します。つまり、**「自分だけの狭い、決まりきった型で『世界』を見ている」**ということです。

この段落をまとめると、**「『世界を知る』といいつつ、自分だけの狭い、決まりきった型で『世界』を見ていることになる。そうしているかぎり、『世界』の認識は何も変わらない。固まった世界認識をもつことは、『世界』が大きく変化する状況では非常に危険だ。」**ということになります。

空欄Bも一文の先頭にあるので、**空欄Bを含む一文と、その前の部分とのつながり**が重要です。**前の段落**を確認しましょう。

確認

＊**くり貫く**……刃物などをつきさしぐるりと回して穴をあけ、中のものを取り出す。

ココに注目

●空欄Bを含む一文の、前の段落（19〜22行目）

人間は、所詮、時代の子であり、環境の子である。わたしたちの認識は、自分の生きてきた時代や環境に大きく左右される。ある意味、閉じ込められているといってもいい。認識できる「世界」はきわめて限定的なのであり、時代や環境の制約によって、認識の鋳型ができてしまうから、場合によっては、大きく歪《ゆが》められた「世界」像しか見えなくなることもある。わたしたちは、そういう宿命を背負っているのである。

この段落をまとめると、**「わたしたちの認識は、自分の生きてきた時代や環境に大きく左右される。時代や環境の制約によって、認識の決まった型ができてしまうから、場合によっては、大きく歪められた『世界』像しか見えなくなることもある。」**ということになります。

空欄Bの前後の段落をまとめると、次のような図式になります。

考え方の図式

わたしたちの認識は、自分の生きてきた時代や環境に大きく左右される。時代や環境の制約によって、認識の決まった型ができてしまうから、場合によっては、大きく歪められた「世界」像しか見えなくなることもある。

B

↑

「世界を知る」といいつつ、自分だけの狭い、決まりきった型で「世界」を見ていることになる。そうしているかぎり、「世界」の認識は何も変わらない。固まった世界認識をもつことは、「世界」が大きく変化する状況では非常に危険だ。

比喩で表されている
ことは、辞書的な意
味と、具体的な本文
での意味との両方を
押さえておこう。

空欄Bの前後は「**認識の鋳型**」という同じ言葉を用いていて、空欄Bを含む段落では、前の段落部分から引き継いだ事柄を述べています。**前で述べたことを受けて、空欄Bを含む段落につながる**流れとなっています。

したがって、空欄Bには「それで」「だから」といった**順接**の接続語が入ればよいということになります。選択肢の中で選ぶと、答えは「**ア　だから**」です。

最後に空欄Cです。**空欄Cを含む一文**を確認しましょう。

ココに注目

●**空欄Cを含む一文**（28～29行目）

C、ただ②漫然とメディアの情報を眺めているだけでは激流に呑《の》み込《こ》まれてしまう。

「**激流に呑み込まれてしまう**」は**比喩**です。「**混乱にまきこまれてしまい、自分自身を見失ってしまう**」というような意味です。また、「**漫然**」とは「**特別の目的や意識をもたず、いい加減に行うさま**」を表す言葉です。したがって、空欄Cを含む一文は、**「いい加減にメディアの情報を眺めているだけでは、混乱にまきこまれてしまい、自分自身を見失ってしまう」**というような意味になります。

空欄Cも一文の先頭にあるので、**空欄Cを含む一文と、その前の部分とのつながり**が重要です。空欄Cを含む一文は、段落の最後の文なので、空欄Cを含む一文が入っている**段落全体**を読んでみましょう。

ココに注目

●空欄Cを含む段落全体（26～29行目）

一方で、これほど情報環境が発達したにもかかわらず、「世界を知る」ことがますます困難になったと感じている人も増加している。果てしなく茫漠《ぼうばく》と広がり、しかも絶えず②激動する「世界」が、手持ちの世界認識ではさっぱり見えなくなってきているからだ。［C］、ただ漫然とメディアの情報を眺めているだけでは激流に呑み込まれてしまう。

この段落をまとめてみると、次のようになります。

考え方の図式

情報環境が発達したにもかかわらず、「世界を知る」ことが困難になったと感じている人も増加

→ **なぜなら**

「世界」が、手持ち（＝自分）の世界認識ではさっぱり見えなくなってきているから

→ 果てしなく茫漠と広がり、しかも絶えず激動する

［C］ ←

ただ漫然とメディアの情報を眺めているだけでは激流に呑み込まれてしまう

＝

混乱にまきこまれてしまい、自分自身を見失ってしまう

この図式から、次のようにまとめられます。

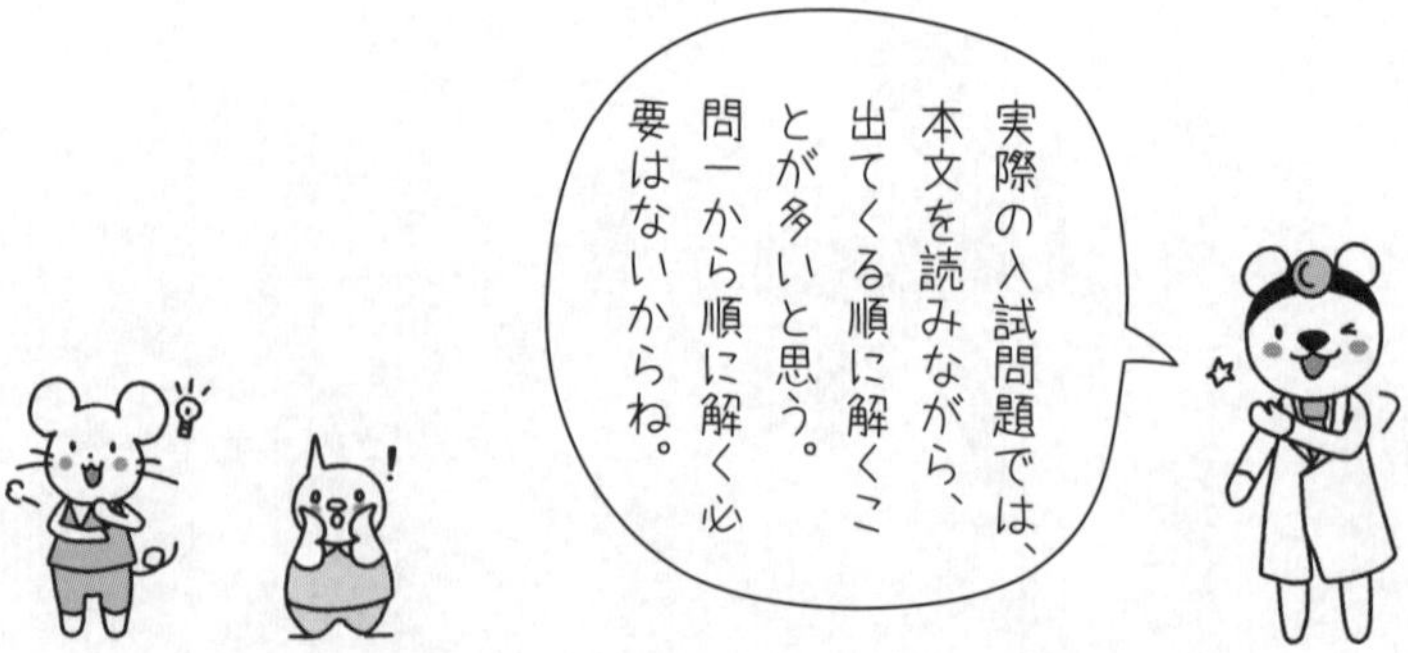
実際の入試問題では、本文を読みながら、出てくる順に解くことが多いと思う。問一から順に解く必要はないからね。

情報環境　＝　が発達したにもかかわらず、「世界を知る」ことがますます困難になった

メディアの情報　＝　を眺めているだけでは　＝　激流に呑み込まれてしまう

つまり空欄Cを含む一文は、**段落の最初の一文で述べているのと同じようなことを強調し確認している**ことになります。したがって、選択肢の中で選ぶと、答えは「**エ　たしかに**」です。

この空欄Cを含む一文は傍線部②となっています。

ここで確認したことは、傍線部②を解くときのヒントとなります。実際の入試問題のときは、このまま先に傍線部②を解いても構いません。ただし、傍線部②が問題となっている**問五**は記述問題なので、今は**後回し**にすることにします。

ここに
チューイ!!

★実際の入試問題を解くときは、問一から解くことにこだわる必要はありません。

★ある設問を解いているときに他の設問も解けるようなら一緒に解いてしまいましょう。時間の節約になります。

では、問三に進みます。

問三は**空欄補充問題**ですが、選択肢を見ると空欄に入るのは一文です。

これは、空欄補充問題の**「文を補充するタイプ」**の問題で、**「脱文挿入問題」**ともいいます。

問三　[X] に入る文として、最も適切なものを次の中から一つ選び、記号で答えなさい。

ア　わたしたちは、世界を自分の手の中に置くことができる

イ　わたしは、いながらにして世界のすべてを知ることができる

ウ　わたしには、手にすることができないものはない
エ　わたしは、何もせずに世界を旅することができる

一文を補充するといっても、**考え方は今までの空欄補充問題と同じ**です。
まずは、**空欄を含む一文**を読んでみましょう。

ココに注目

●**空欄Xを含む一文**（14～15行目）

「X」と強弁する人がいたとしても不思議ではないだろう。

「不思議ではないだろう」とありますから、この一文の**前の部分**に、それと関係することが書かれているはずです。**空欄Xを含む段落全体**を丁寧に読んでみましょう。

ココに注目

●**空欄Xを含む段落全体**（12～15行目）

激変したのは交通手段ばかりではない。現代は、ヒト・モノ・カネ・技術・情報が、ボーダーレスに、つまり「境界なし」で交流する時代である。ラジオからテレビ、そしてインターネットへと、さまざまなメディアが登場・普及し、情報環境が劇的に変化して、わたしたちが認識できる「世界」は限りなく広がったようにも見える。「X」と強弁する人がいたとしても不思議ではないだろう。

したがって、次の図式が成り立ちます。

考え方の図式

激変したのは交通手段ばかりではない

↓

ラジオ→テレビ→インターネット
＝
さまざまなメディア
｝が登場・普及し、情報環境が劇的に変化

↓

わたしたちが認識できる「世界」は限りなく広がったようにも見える

↓

「X」と強弁する人がいたとしても不思議ではないだろう

この図式から、次のようにまとめられます。

つまり！

さまざまなメディア（＝インターネットなど）によって、わたしたちが認識できる「世界」は限りなく広がったようにも見える

＝**言い換えられる**

X ←「強弁（＝無理に理屈をつけて、自分の意見などを言い張ること）」

「**さまざまなメディア（＝インターネットなど）によって、わたしたちが認識できる『世界』は限りなく広がったようにも見える**」を**言い換えている選択肢**はどれになるでしょうか。

選択肢を一つ一つ確認していきましょう。

確認

● **記号選択問題のポイント**

① すべての選択肢に○×をつけて確認する。

② 選択肢の文に本文の言葉が使われていても、正解とは限らない。

③「選択肢を短く言い換える」「読点（、）で区切って比較する部分をはっきりさせる」と選択肢の文が比べやすくなる。

ココに注目

× ア わたしたちは、世界を自分の手の中に置くことができる

○ イ わたしは、いながらにして世界のすべてを知ることができる

× ウ わたしには、手にすることができないものはない

× エ わたしは、何もせずに世界を旅することができる

傍線部分を比較すると、**「認識（＝知る）」**について述べているのは**イ**だけです。

この**「認識（＝知る）」がキーワード**になり、答えは**イ**となります。

問四 傍線部①について、これはどういうことか。その説明として最も適切なものを次の中から一つ選び、記号で答えなさい。

ア 自分の持ちうる情報の入手経路は自然と決められ、制約の上で蓄積されるということ。

イ 自分の持つ世界観は、自分が見聞きする世界情勢によってのみ作られるということ。

ウ 自分の持つことのできる認識は、世の中の認識以上に広がることはないということ。

エ 自分というものは、他者との関わりで生じるもので、固有の考えなどはないということ。

問四は**傍線問題**の**記号選択問題**です。また、設問文に**「どういうことか」**とあるので、**傍線部分の言い換え**になります。

まず、**傍線部①を含む一文**を確認してヒントを探しましょう。

傍線部が短い場合は、その傍線部とペアになる主語や述語を見つけることが答えの手がかりになることがあるよ！

ココに注目

● **傍線部①を含む一文**（20行目）

ある意味、閉じ込められているといってもいい。

ここでは、**「ある意味」**に注目してください。**「（同じ内容でも）見方を変えると」「別の言い方をすると」**などという意味です。

ということは、**傍線部①を含む一文の前の部分**をチェックする必要があります。また、この一文は段落の途中にあるので、**段落全体**を確認してみましょう。

ココに注目

● **傍線部①を含む段落全体**（19〜22行目）

人間は、所詮、時代の子であり、環境の子である。わたしたちの認識は、自分の生きてきた時代や環境に大きく左右される。ある意味、閉じ込められているといってもいい。認識できる「世界」はきわめて限定的なのであり、時代や環境の制約によって、認識の鋳型ができてしまうから、場合によっては、大きく歪められた「世界」像しか見えなくなることもある。わたしたちは、そういう宿命を背負っているのである。

さて、傍線部①**「閉じ込められている」の主語**は何でしょうか？

傍線部①の前の部分から「閉じ込められている」の主語は**「わたしたちの認識」**だと考えられるので、**「わたしたちの認識は、ある意味、閉じ込められているといってもいい」**といえます。

この段落をまとめると、次の図式のようになります。

考え方の図式

わたしたちの認識 は、自分の生きてきた時代や環境に大きく左右される

＝ある意味

閉じ込められているといってもいい

←

- 認識できる「世界」はきわめて限定的
- 時代や環境の制約によって、認識の鋳型ができてしまう

← **だから**

場合によっては、大きく歪められた「世界」像しか見えなくなることもある

←

わたしたちは、そういう宿命を背負っている

この図式から、次のことがいえます。

つまり！

「（わたしたちの認識は）閉じ込められている」 とは

- **（わたしたちの認識は）自分の生きてきた時代や環境によって決められる**部分が大きい
- **認識できる「世界」** は**限定的**なもので時代や環境の制約を受ける
- 場合によっては、**「世界」像は大きく歪められる**

ということになります。

このことを頭に置いて、**すべての選択肢に○×をつけてみましょう。**

ココに注目

× ア　自分の持ちうる情報の入手経路は自然と決められ、制約の上で蓄積されるということ。

× イ　自分の持つ世界観は、自分が見聞きする世界情勢によってのみ作られるということ。

○ ウ　自分の持つことのできる認識は、世の中の認識以上に広がることはないということ。

× エ　自分というものは、他者との関わりで生じるもので、固有の考えなどはないということ。

選択肢で**「自分の認識」**について触れているのは**ウ**だけです。また、「世の中の認識以上に広がることはない」の部分も「限定的なもの」「制約を受ける」に対応します。

したがって、答えは**ウ**になります。

さて、先ほど後回しにした、傍線部②の問題、**問五**に挑戦しましょう。

問五　傍線部②とあるが、なぜか。説明しなさい。

問五は**傍線問題**の**記述問題**です。まず、設問文をチェックしましょう。

設問文に**「なぜか」**とあるので、理由を尋ねる問題です。**答えの最後は「〜から。」**

確認

● **記述問題のポイント**

① 設問文での問われ方によって答えの形が決まる。

② 本文中から使用する部分を見つけ、字数に合わせて形を整える。

③ 下書きをして字数を確認してから解答用紙に記入する。

記述問題の字数が指定されていない場合は、解答欄の大きさに注目しましょう。

になります。

また、**字数が指定されていないので、解答欄の大きさから大体の字数を推測しましょう。一文字約八～十ミリ四方を基準として、何文字書けるかの見当をつけます。**

はっきりとこの字数と決めることはできませんが、**解答欄から六十字程度ではないか、**と推測することができます（→*p. 30*）。

では、**傍線部②を含む一文**を読むことから始めましょう。

ココに注目

● **傍線部②を含む一文**（28～29行目）

C 、ただ漫然とメディアの情報を眺めているだけでは激流に呑み込まれてしまう。

傍線部②の**「激流に呑み込まれてしまう」**は**比喩**で、**「混乱にまきこまれてしまい、自分自身を見失ってしまう」**というような意味です。そして、「漫然」とは「特別の目的や意識をもたず、いい加減に行うさま」を表す言葉です。

したがって、傍線部②は**「いい加減にメディアの情報を受け止めているだけでは、混乱にまきこまれてしまい、自分自身を見失ってしまう」**というような意味になります。問一の空欄Cを解くときに一度確認しましたね。

傍線部②の前には空欄Cがあって、この一文だけ見てもつながりがよくわかりません。傍線部②は段落の最後の一文なので、**段落全体**を確認してみましょう。

ココに注目

●傍線部②を含む段落全体（26〜29行目）

一方で、これほど情報環境が発達したにもかかわらず、「世界を知る」ことがますます困難になったと感じている人も増加している。果てしなく茫漠と広がり、しかも絶えず激動する「世界」が、手持ちの世界認識ではさっぱり見えなくなってきているからだ。［C］、ただ漫然とメディアの情報を眺めているだけでは激流に呑み込まれてしまう。②

したがって、次の図式が成り立ちます。

考え方の図式

情報環境が発達したにもかかわらず、「世界を知る」ことが困難になったと感じている人も増加

→ なぜなら

「世界」が、手持ち（＝自分）の世界認識ではさっぱり見えなくなってきているから

→ 果てしなく茫漠と広がり、しかも絶えず激動する

［C］ ←（たしかに）

ただ漫然とメディアの情報を眺めているだけでは激流に呑み込まれてしまう

空欄Cのときに確認した図式です。また、この図式から次のようにまとめられましたね。

情報環境が発達したにもかかわらず、「世界を知る」ことがますます困難になった
＝　＝　＝
メディアの情報を眺めているだけでは激流に呑み込まれてしまう

このように、この二文は**「情報環境」「メディアの情報」**、つまり**「情報」**について書かれています。

本文の中で**「情報環境」「メディア」**について述べている部分を確認してみましょう。

ココに注目

● 12〜15行目

激変したのは交通手段ばかりではない。現代は、ヒト・モノ・カネ・技術・情報が、ボーダーレスに、つまり「境界なし」で交流する時代である。ラジオからテレビ、そしてインターネットへと、さまざまなメディアが登場・普及し、情報環境が劇的に変化して、わたしたちが認識できる「世界」は限りなく広がったようにも見える。「X」と強弁する人がいたとしても不思議ではないだろう。

これらから、**「激流に呑み込まれてしまう(=混乱にまきこまれてしまい、自分自身を見失ってしまう)」**とは、**「メディア(=インターネットなど)が登場・普及することによって、世界中の情報が簡単に手に入るようになってしまったので、かえって『世界を知る』ことが難しくなり、自分の判断ではなく情報にふりまわされるようになってしまう」**ということだと考えられます。

なぜ、そのように「情報」にふりまわされるようになってしまったのか、というのが今回の設問です。

さて、27〜28行目の**「〜から」**を含んだ一文、**「果てしなく茫漠と広がり、しかも絶えず激動する『世界』が、手持ちの世界認識ではさっぱり見えなくなってきているからだ。」**は、26〜27行目の「一方で〜」の**一文の理由**を表しています。

そこで、この27～28行目の**「果てしなく～からだ。」の一文を手がかり**に、**傍線部②の理由**を考えていきましょう。

この文を傍線部②の理由となるように、**本文中の別の表現で言い換えられないか**、見ていきます。

また、**「世界」「認識」**については、**傍線部②を含む段落の、前の二つの段落**で述べられていました。そこで、この二段落を丁寧に見ていきます。

ココに注目

●傍線部②を含む段落の、前の二段落（19～25行目）

人間は、所詮、時代の子であり、環境の子である。わたしたちの認識は、自分の生きてきた時代や環境に大きく左右される。ある意味、閉じ込められているといってもいい。認識できる「世界」はきわめて限定的なのであり、時代や環境の制約によって、認識の鋳型ができてしまうから、場合によっては、大きく歪められた「世界」像しか見えなくなることもある。わたしたちは、そういう宿命を背負っているのである。

［B］、「世界を知る」といいつつ、実は、偏狭な認識の鋳型で「世界」をくり貫いているだけということが生じたりする。鋳型が同じであるかぎり、断片的な情報をいくら集めたところで、「世界」の認識は何も変わらない。固まった世界認識をもつことは、「世界」が大きく変化する状況では非常に危険なことである。

では、151と152ページの二カ所の ココに注目 を利用して、**「果てしなく茫漠と広がり、しかも絶えず激動する『世界』が、手持ちの世界認識ではさっぱり見えなくなってきているからだ。」**を傍線部②の理由となるように言い換えてみましょう。

＋プラスα

● 理由を探す問題について

問五は、**理由を探す問題**です。理由が含まれる、一般的な文章の流れを押さえておきましょう。

大きく二つの流れがあります。

①**「最初に理由を述べ、そのあとで主張する」パターン**

例「～である。このことから私は、～と考える。」

このように、初めに理由を述べ、そのあとで、自分の主張を述べるパターンです。

②**「初めに主張し、そのあとで理由を述べる」パターン**

例「～だ。なぜなら～だからである。」

このように、初めに結論である自分の主張を述べてしまい、そのあとで理由を述べるパターンです。

記述問題では利用できそうな文を見つけて、それを言い換えたり、補ったりして答えを作成していこう！

果てしなく茫漠と広がり、しかも絶えず激動する「世界」**が、**
メディアによって手に入る、大きく変化する「世界」の情報

手持ちの世界認識**では**
時代や環境の制約を受ける、限定的なわたしたちの「世界」の認識

さっぱり見えなくなってきている
情報を正確に判断することができない

からだ。

←

メディアによって手に入る、大きく変化する「世界」の情報が、時代や環境の制約を受ける、限定的なわたしたちの「世界」の認識では、情報を正確に判断することができないから。（八十二字）

これでは、字数が多いしわかりにくいので、もう少し整理しましょう。

> メディアによって手に入る、大きく変化する「世界」の情報が、時代や環境の制約を受ける、限定的なわたしたちの「世界」の認識では、情報を正確に判断することができないから。
>
> よる（よって）
> は（が）
> 同じようなことなので削除（時代や環境の制約を受ける、）
> うまく続くように削除（情報を）
>
> （六十一字）

解答例

メディアによる、大きく変化する「世界」の情報は、限定的なわたしたちの「世界」の認識では、正確に判断することができないから。（六十一字）

確認
*制約……ある条件や枠をもうけて、自由にさせないこと。
*痛切……身にしみて強く感じること。

「問題提起」とは、ある問題を解決すべきものとしてとり上げること。疑問の形をとることも多いよ。

では、最後の問六に挑戦しましょう。**抜き出し問題**です。

> **問六** [Y] に当てはまる語句を本文中より六字で抜き出しなさい。

まず、設問文を確認して、**「六字」**の語句を本文中から抜き出すことを頭に置いておきます。

そして、いつものように、**空欄Yを含む一文を読んでヒントを探す**ことから始めましょう。

ココに注目

> ● **空欄Yを含む一文**(30行目)
> いまこそ、時代や環境の制約を乗り越えて、「[Y]」を高めることが痛切に求められているのではないか。

空欄Yの前には**「時代や環境の制約」**という言葉があります。この言葉は、19~20行目「わたしたちの認識は、自分の生きてきた時代や環境に大きく左右される」、20~22行目「認識できる『世界』はきわめて限定的なのであり、時代や環境の制約によって、認識の鋳型ができてしまうから~」に出てくる言葉です。

これらから**「わたしたちの認識」**が見つかりますが、八字なので字数の条件に合いません。

また、空欄Yはこの問題文の最後の文で、「『[Y]』を高めることが痛切に求められているのではないか」という**問題提起**のような形で終わっています。

ということは、ここにつながる前の部分では、「〇〇〇〇が足りない、だから〇〇〇〇を高めよう」という流れになっているはずです。何が足りない、という流れだったでしょうか。

26〜27行目に「一方で、これほど情報環境が発達したにもかかわらず、『世界を知る』ことがますます困難になったと感じている人も増加している」とあります。

「ますます困難になった」という**「『世界を知る』こと」**はどうでしょうか。これも九字で字数の条件に合いません。

「わたしたちの認識」「『世界を知る』こと」と同じような意味をもつ**六字の語句**を探して、もう少し広い範囲を見ていきましょう。

すると、16行目に**「わたしたちの『世界を知る力』」**が見つかります。**「世界を知る力」**は**六字**ですし、**カギカッコ**までついています。これに決めてよさそうですね。

また、**「世界を知る力」**は、問題文の最後にある**書名(出典)**と同じです。**筆者が最も強調したかった語句**ということになります。

「総合問題【評論】」の問題はどうでしたか。

この問題は、今までの設問パターンがすべて入った問題となっていました。解き方が身についていないものは、もう一度、その設問パターンを見直しておいてください。

解答

問一 a 着目　b 脳裏　c 完結　d ひるがえ　e 断片

問二 A ウ　B ア　C エ　**問三** イ　**問四** ウ

問五 解答例 メディアによる、大きく変化する「世界」の情報は、限定的なわたしたちの「世界」の認識では、正確に判断することができないから。(六十一字)

問六 世界を知る力 (六字)

item 9

総合問題【小説】

⇩別冊「問題編」p.29～32

さて、**小説の総合問題**に挑戦しましょう。これが最後の問題です。

この問題には、小説問題で頻出の**「心情を問う問題」**が入っています。選択肢の文が長い「記号選択問題」の形で心情が問われているので、選択肢の文をきちんと読み取ることが重要となります。

問題の設問パターンは、今まで学習してきたものと同じです。**傍線問題**、**空欄補充問題**では、**「一文全体を読む」**ところから始めることも同じです。また、評論の総合問題と同様に漢字の書き取り問題も入っています。

今まで学習してきたことの集大成として、取り組んでみてください。

それでは、まず問題文の大きな流れを押さえます。

あらすじをまとめよう！

＊別冊「問題編」の問題文を読んで、空欄に当てはまる語句を抜き出して書き入れましょう。

完全に寝たきりになった父、重竜は、表面的な（1 □□）障害よりも、更に深い部分の衰亡が著しかった。

(2□□)症となり、医者は、もはや(3□□)の困難なことをほのめかした。

その夜、竜夫は(4□□)の一室で語れぬ父に話しかけた。言っている(5□□)が、ちゃんと伝わっているのかよくわからないまま、竜夫は一語一語根気よく話し続けた。

銀蔵爺《じい》ちゃんと螢《ほたる》を見に行くという話を重竜にすると、重竜は懸命に言葉を吐き、微笑《ほほえ》んでいる両目に(6□)がにじんでいた。重竜は(7□□□□)の表情のまま、いつまでも(8□□)言葉を繰り返し、竜夫のベルトを握りしめて離さなかった。重竜は(9□□)のように泣きながら竜夫を引き寄せて、その腹に自分の(10□)をこすりつけた。竜夫は(11□□□□)。

宿題が残っているからと嘘《うそ》をつき、重竜の(12□□)を押さえて力まかせに腰を引くと、重竜の(13□)はやっと離れた。

帰りがけ、竜夫は夜の(14□□□□)を見やった。月明かりの下で確かに、瞬いているものがあったが、光の加減で、せせらぎが(15□□)を浴びてぼっと輝いているだけだった。竜夫は父の(16□□□)と、父の友人、大森の言葉を思いながら、いつまでも(17□□□)に立っていた。

登場人物の呼び名が変化するときは注意してね。

解答

1 機能　2 失語　3 回復　4 病院　5 意味　6 涙　7 泣き笑い
8 同じ　9 子供　10 顔　11 怖かった　12 手首　13 指　14 いたち川
15 月光　16 泣き顔　17 川の縁

登場人物は**「重竜」**と**「竜夫」**の二人です。「重竜」は**「父」**とも表現されています。

このように人物の呼び名が変化するときは、人物の関係をきちんと把握するようにしましょう。文章が長いときはなおさらです。

場面は**病院**と、**雪見橋のたもと（いたち川の縁）**の二カ所。この問題文では、**場面の変化**があります。

事件は**重竜が竜夫に懸命に話しかけてきたこと**といえるでしょう。

そして、**初めと終わりで心情が変化した人物**は**「竜夫」**ですね。

語句の意味

次に、問題文に出てきた語句の中で、特に覚えておきたいものを挙げます。

L1 **衰亡**＝衰え滅びること。
L3 **ほのめかす**＝それとなく言葉や態度で示す。遠回しに表現する。
L14 **得体の知れない**＝正体がよくわからず、怪しいさま。
L21 **涙がにじむ**＝涙が出そうになる。うっすらと涙が出る。
L26 **身を捩《よじ》る**＝からだをねじって曲げる。
L33 **濡れそぼつ**＝濡れてびしょびしょになる。

＋プラスα

●「常用漢字」とは

内閣告示の「常用漢字表」にあげられた漢字で、一般の社会生活で漢字を使用する際の目安を示すもの。

小学校・中学校・高等学校で学習する漢字が常用漢字に当たります。

確認

＊**口やかましい**……細かいところまであれこれと文句を言う様子。

＊**きざし**……物事が起こりそうな気配。

では、早速、問題に挑戦していきましょう。

問一 傍線部a〜eのカタカナを漢字に直しなさい。

a「著(しかった)」、b「歪(めて)」、c「懸命」、d「嘘」、e「慌(てて)」です。

b「歪」、d「嘘」の二つは**常用漢字外**の漢字です。これを機会に覚えておきましょう。

問二 [A] に入れるのに適切な表現を次の中から一つ選び、記号で答えなさい。

ア　重竜はいらだって口やかましくなった

イ　重竜は落ち込んで無口になっていった

ウ　重竜は奇跡的に回復するきざしを見せた

エ　重竜は急激に言葉を失っていった

オ　重竜は苦しい症状を必死で訴えた

問二は**脱文挿入タイプ**の**空欄補充問題**です。空欄補充問題は、**「空欄を含む一文を読む」**ことから始めるのでしたね。**空欄Aを含む一文**を確認しましょう。

ココに注目

●**空欄Aを含む一文**(1〜2行目)

二度目の発作と同時に、[A]。

「二度目の発作と同時に」とありますから、空欄Aの部分には「二度目の発作と同時に起こった何か」が書かれていると考えられます。

この一文には、接続語も指示語もありませんから、**空欄Aを含む段落全体**を読んで、手がかりを探しましょう。

ココに注目

●**空欄Aを含む段落全体**（1～3行目）

完全に寝たきりになった重竜は、表面的な機能障害よりも、更に深い部分の衰亡が著しかった。二度目の発作と同時に、［A］。失語症であった。医者はまだまだ症状の悪くなっていくことを告げ、もはや回復の困難なことをほのめかした。

この段落を次のように整理してみます。

考え方の図式

完全に寝たきりになった（深い部分の衰亡が著しい）
←
二度目の発作と同時に、［A］
←
失語症であった
←
医者はまだまだ症状が悪くなっていく、回復は困難であると言う

確認

＊**機能障害**……生きていくための身体の機能（呼吸・排泄《はいせつ》など）が損なわれていること。
＊**衰亡**……衰え滅びること。
＊**ほのめかす**……それとなく言葉や態度で示す。遠回しに表現する。

この図式から、空欄Aには、**重竜の失語症になる様子**が入ると考えられます。

「失語症」とは、漢字から大体の意味がわかると思いますが、「言葉をうまく使えなくなったり、話すことができなくなったりする状態」のことです。話すことだけでなく、聞く、読む、書くという、言葉を操ることすべてが難しくなります。

では、選択肢を確認してみましょう。

ココに注目

× **ア** 重竜はいらだって口やかましくなった
× **イ** 重竜は落ち込んで無口になっていった
× **ウ** 重竜は奇跡的に回復するきざしを見せた
○ **エ** 重竜は急激に言葉を失っていった
× **オ** 重竜は苦しい症状を必死で訴えた

「失語症」は「言葉をうまく使えない状態」なので、**ア**・**ウ**・**オ**はすぐに除くことができます。

イは「無口」という、うっかりすると引っかかりそうな語がありますが、「無口」は「言葉がうまく使えない」のではなく、「おしゃべりでないこと」なので、×。

「言葉を失っていった」と、まさに「失語症」の説明そのものがある**エ**が正解。

問三　傍線部①で竜夫が「恐怖」を感じた理由を説明しなさい。

問三は**記述問題**です。**「理由」**を説明する問題なので、**答えの最後は「〜から。」**になります。

そして、**字数の指定がない**ので、**解答欄から大体の字数を推測する**必要があります（→ *p. 30*）。今回は大体**四十字を目安**として考えておきましょう。

また、これは**傍線問題**で、**一文全体**に傍線が引かれています。まず、**傍線部①全体**を読んでみましょう。

ココに注目

●傍線部①を含む一文全体（14〜15行目）

①そんな重竜の姿から竜夫は得体の知れない恐怖に似たものを感じた。

「得体の知れない」とは**「正体がよくわからず、怪しいさま」**のことです。竜夫は重竜の姿に正体のわからない恐怖に似たものを感じており、それはなぜかと問われています。

傍線部①では、まず、**「そんな」**という**指示語**に注目します。その姿を見て、竜夫は恐怖を感じたのですから、どんな姿なのかを明らかにする必要があります。

指示語の内容を明らかにするときは、まずは**直前**を見ます。それから**少しずつ前の方**を読んでいきます（→ *p. 42*）。上段に「指示語の内容の探し方」をもう一度まとめておきますので、見直しておい

確認

●字数指定のない記述問題の解答欄

解答欄は**一文字約八〜十ミリ四方を基準**としていることが多いので、そこから何文字書けるかの見当をつけます。

確認

●指示語の内容の探し方

① 指示語を含む一文を読む。
② 指示語の直前を見る。
③ 探す範囲を前に広げる。
④ 指示語の後ろを探す。
⑤ 見つけた答えを当てはめる。

てください。

今回は傍線部①の直前だけでは、「そんな重竜の姿」がどんな姿かをつかむことができません。**傍線部①の前にある、「竜夫」と「重竜」の病院の一室でのやりとり**を見ていきましょう。

ココに注目

● **傍線部①と、その前の部分**（4〜15行目）

その夜、竜夫は病院の一室で語れぬ父に話しかけた。大森に、父の若いころの写真を見せてもらったことを伝えると、重竜は顔を歪《ゆが》めてただ笑っていた。言っている意味が、ちゃんと伝わっているのかよくわからないまま、竜夫は一語一語根気よく話し続けた。

「銀蔵爺《じい》ちゃんと螢《ほたる》を見に行くがや。ものすごい螢の大群やと。螢はいつごろ出るがやろか？」

重竜は口を開けて、一心に言葉を探っているふうであったが、やがて竜夫の目を見つめながら、

「……いね」

と言った。

「いね？」

帰れという意味かと竜夫は思った。だが重竜は左手で竜夫のベルトをつかんでいた。

「帰ってええがか？」

重竜はいやいやをするように首を振って、また何かを考え込んでいた。①そんな重竜の姿から竜夫は得体の知れない恐怖に似たものを感じた。

初めは竜夫は重竜に、言っている意味が伝わっているのかわからないまま、一語一語根気よく話し続けているだけでした。**「銀蔵爺ちゃんと螢を見に行く」**ことを話してから、**重竜の様子が変化**していきます。

確認

● **心情をとらえるポイント**

① **心情語**（「〜と思った」「〜と気づいた」と直接書かれている部分、喜怒哀楽などの直接的な表現）

例 手を上げたのが自分一人だと知って、恥ずかしくなった。

② **セリフ**（独り言も含む）

例 「信じられない。なんてひどい人！」

→怒っている気持ちを表す。

③ **動作**（行動・態度・表情なども含む。体の一部を使った慣用句にも注意）

例 先生の姿を見てこそこそと隠れた。

→後ろめたい気持ちを表す。

例 彼はほっと胸をなで下ろした。

→安心した気持ちを表す。

④ **情景**

例 灰色の雲がどんより浮かんでいた。

→たいてい暗い気持ちの比喩に用いられる。

このときの**重竜と竜夫、二人の様子**を図にまとめてみます。

考え方の図式

竜夫 「銀蔵爺ちゃんと螢を見に行く」と言う
←
重竜 竜夫の目を見つめながら、「……いね」と言う
←
竜夫 「いね」とは、帰れという意味なのか、と思う
←
重竜 しかし、左手で竜夫のベルトをつかんでいる
←
竜夫 帰ってよいかと聞く
←
重竜 いやいやをするように首を振って、また何かを考え込む
←
竜夫 **恐怖に似たものを感じる**

つまり!

「そんな重竜の姿」とは、この流れ全体の重竜の姿を指しています。**竜夫にとって、何を考えているのかわからない、意思疎通のできない、理解できない、重竜の姿**です。

そして、そんな重竜の姿に竜夫は「得体の知れない恐怖に似たものを感じた」のです。**この重竜の姿がそのまま「恐怖を感じた」理由**となります。

したがって、「重竜が、何を考えているのかわからない、意思疎通のできない、理解できない人物に感じたから。（四十四字）」が答えと考えられます。

同じ意味の言葉が続いているので、少し整理します。

解答例

重竜が、何を考えているのかわからない、意思疎通のできない人物に感じたから。（三十七字）

確認

＊**もどかしい**……物事が期待どおりに進まなくて、いらいらするさま。

問四は**記号選択問題**です。

問四　傍線部②のように重竜が泣いた理由の説明として、最も適切なものを次の中から一つ選び、記号で答えなさい。

ア　父を元気づけるために螢見物にさそってくれる息子の優しさがうれしいから。
イ　寝たきりの自分を置いて早々と帰ろうとする薄情な息子の態度が腹立たしかったから。
ウ　言葉が不自由なために自分の思いを伝えられず、もどかしい思いにとらわれたから。
エ　螢が見られる時期まで生きることはできないと知っており、死の恐怖に襲われたから。
オ　衰えてきた自分の死が近いことを予感し、迫りくる息子との別れが悲しいから。

今回も、**傍線問題**で、**一文全体**に傍線が引かれています。

早速、**傍線部②全体**を読んでみましょう。

ココに注目

●傍線部②を含む一文全体（24行目）

重竜は泣いていた。

傍線部②には指示語も接続語もありません。

手がかりを求めて、まずは**傍線部②の前の部分**を読んでみましょう。

ココに注目

●傍線部②と、その前の部分（16〜24行目）

「螢を見に行くちゃ。いたち川の上流で、雪みたいに螢が飛んどるがや」

「ほたるが……、ほたるがたつおに……」

と重竜は懸命に言葉を吐いた。

「雪みたいに、螢が飛ぶがや」

「ゆきが……、ほたるよ。ゆきが、ほたるよ」

微笑《ほほえ》んでいる重竜の両目に涙がにじんでいた。彼は泣き笑いの表情のまま、いつまでも同じ言葉を繰り返した。

「ゆきが、ほたるよ。……ゆきが、ほたるよ」

竜夫はベルトから父の手を離そうとして立ちあがった。どこにこんな力が残っているのかと思えるほど、重竜の指はしっかり竜夫のベルトを握りしめて離さなかった。重竜は泣いていた。

すぐに正解の選択肢がわかることもありますが、間違いの選択肢もきちんと確認する習慣をつけましょう。

ここは、**「言葉をうまく発することのできない重竜が、懸命に言葉を吐く。しかしうまく伝えられなくて、泣き笑いの表情のまま、同じ言葉を繰り返す。」**という流れになっています。

つまり！
うまく自分の気持ちを伝えられない思いが、泣くという動作につながった

と考えられます。

選択肢を確認してみましょう。この選択肢の文は長いので、**前半と後半に分けて、比較**していきます。

ココに注目

× **ア** 父を元気づけるために螢見物にさそってくれる（×） 息子の優しさがうれしいから。（×）

× **イ** 寝たきりの自分を置いて早々と帰ろうとする（○） 薄情な息子の態度が腹立たしかったから。（×）

○ **ウ** 言葉が不自由なために自分の思いを伝えられず、（○） もどかしい思いにとらわれたから。（△）

× **エ** 螢が見られる時期まで生きることはできないと知っており、（×） 死の恐怖に襲われたから。（×）

× **オ** 衰えてきた自分の死が近いことを予感し、（×） 迫りくる息子との別れが悲しいから。（×）

選択肢の文が長い場合は、「前半・後半に分けて確認する」「短く言い換える」と比べやすくなるよ。

エ・オのような「生きることはできない」「自分の死が近い」といったことは、本文に書かれていないので、すぐに除くことができます。

また、アは「螢」の話をしただけで、「螢見物」にさそったわけではないので、×。

イの「寝たきりの自分を置いて早々と帰ろうとする」の部分は、本文にあります。この部分は○。しかし、泣いた理由は「薄情な息子の態度が腹立たしかった」という、息子への怒りではないので、×。

ウ「言葉が不自由なために自分の思いを伝えられず」の部分は、傍線部②の前で見たやりとりそのもので○。「もどかしい思いにとらわれた」の部分ははっきりと本文には書かれていませんが、「もどかしい」とは「物事が期待どおりに進まなくて、いらいらするさま」という意味で、「同じ言葉を繰り返す」行為にそうした気持ちが含まれていると考えられます。

したがって、ウが答えとなります。

また、**選択肢の文を短く言い換える**と比較しやすい場合があります。問四の**選択肢の後半の心情を短く言い換えてみます。**

ア**「うれしい」**、イ**「腹立たしい」**、ウ**「もどかしい」**、エ**「恐怖」**、オ**「悲しい」**

と言い換えることができます。

傍線部②での重竜はどのような気持ちでいるでしょうか。竜夫とのやりとりから考えて、ア「うれしい」、イ「腹立たしい」、エ「恐怖」ではないことはすぐにわかるのではないでしょうか。

気をつけたいのは、「泣いていた」ことに引きずられて、オ「悲しい」を選んでしまうことです。こうした**正しそうな選択肢に惑わされない**ようにしてください。

問五は、問二と同じ**脱文挿入タイプ**の**空欄補充問題**です。

問五　[B]に入れるのに適切な表現を次の中から一つ選び、記号で答えなさい。

ア　いつまでも側にいたい自分であった
イ　面倒をかけられるのはごめんだった
ウ　立ち向かう勇気をもちたかった
エ　頼られて悪い気はしなかった
オ　いっときも早く逃げて行きたかった

まずは、**空欄Bを含む一文を読む**ことから始めましょう。

ココに注目

● **空欄Bを含む一文**（26行目）
自分にしがみつき、身を捩《よじ》って泣いている父から、[B]。

空欄Bを含む一文には、指示語や接続語はありませんでした。一文を読むと、父（＝重竜）は身を捩って泣いているのですね。

すると、**そんな父に、竜夫がどのような感情を抱いているのかをつかむ**ことが、**空欄Bへの手がかり**となりそうです。

空欄Bを含む一文の前後を確認してみましょう。

ココに注目

●空欄Bを含む一文の前後（24～28行目）

子供のように泣きながら竜夫を引き寄せて、その腹に自分の顔をこすりつけた。

竜夫は怖かった。自分にしがみつき、身を捩《よじ》って泣いている父から、［B］。

「俺、宿題が残っとるがや」

と竜夫は嘘《うそ》をついた。

つまり！

自分の腹に顔をこすりつけて泣く重竜を、竜夫は怖いと思い、宿題が残っていると嘘をついてまで、この場を離れたいと思っている

ことになります。選択肢を確認してみましょう。

ココに注目

× ア　いつまでも側にいたい自分であった

× イ　面倒をかけられるのはごめんだった

× ウ　立ち向かう勇気をもちたかった

× エ　頼られて悪い気はしなかった

○ オ　いっときも早く逃げて行きたかった

ア「いつまでも側にいたい」はまったく逆なので、すぐに除くことができます。

登場人物の心情を問う問題では、まず状況を確認しよう！

イ「面倒をかけられるのはごめん」は本文にそのような表現はないので×。竜夫は重竜が怖くて嘘までついているのですから、**ウ**「立ち向かう勇気」、**エ**「悪い気はしなかった」という重竜に対するプラスの心情は、ここにはありません。したがって×です。

オ「いっときも早く逃げて行きたかった」は、空欄Bの前後で確認したとおりです。これが正解。

したがって、答えは**オ**です。

では、**問六**に挑戦しましょう。**心情を問う記号選択問題**です。

問六 傍線部③における竜夫の心情の説明について、最も適切なものを次の中から一つ選び、記号で答えなさい。

ア 失語症に苦しみ泣いていた父をあわれみ、螢の季節となったら父を案内してあげたいと願っている。

イ いつもと違った父の様子に病状の深刻さを感じ、父を襲った運命と迫りくる死について考えている。

ウ 川に反射した月明かりを螢だと勘違いした自分の不安定な心をおそれ、落ちつかせようとしている。

エ 息がつまるような父の病床を離れ、螢の光のように美しい川面を見ることで疲れた心を癒《い》やしている。

オ 川縁に見たのが螢ではなく月光であった事実を受け止めかねて、自分をだました光を呆然《ぼうぜん》と見ている。

これも**傍線問題**で、傍線部③は**一文全体**に引かれています。
まずは**傍線部③全体**を読んでみましょう。

ココに注目

● **傍線部③を含む一文全体**（36行目）

竜夫はいつまでも川の縁に立っていた。

傍線部③では**「いつまでも」**に注目します。
手がかりを探して、**傍線部③を含む段落全体と、その前の段落**を読んでみましょう。

ココに注目

● **傍線部③を含む段落全体と、その前の段落**（31〜37行目）

市電を降り、雪見橋のたもとに立って、竜夫は夜のいたち川を見やった。月明かりの下で確かに、瞬いているものがあった。川縁の草の陰になっているらしい部分が小さく光りながら帯のように長く伸びていた。まだ螢の出る季節ではなかったが、竜夫は慌てて手さぐりで草叢《くさむら》を降りていった。夜露でたちまち膝から下が濡れそぼった。川縁には何もなかった。光の加減で竜夫は騙《だま》されたのであった。せせらぎが月光を浴びてぼっと輝いているだけだった。

竜夫はいつまでも川の縁に立っていた。上流を窺《うかが》うと橋の下が同じように黄色く瞬いていた。父の泣き顔と、運ちゅうもんを考えるとぞっとするちゃ、という大森の言葉が重くのしかかってきた。

この場面では、竜夫は父（＝重竜）といた病院の一室から出て、雪見橋のたもと（いたち川の縁）にいます。
場面転換が行われたところです。こうした**場面変化に伴って、登場人物の心情が変化**

＋プラスα

● 時間の変化

時間の変化には二つの場合があります。

① **時間の経過によるもの**

「朝→昼→晩」「昨日→今日→明日」のように、普通の時間の流れになっている。

② **過去の回想が挟まれるもの**

「現在→過去→現在」のように、時間の流れをさかのぼって、昔の出来事を描写する。

こうした時間の変化にも注意しましょう。

することがよくあります。

他にも**登場人物が増えたり減ったりするところ**、**時間が変わるところ**には注意してください。ここでは、重竜の病室を出て竜夫一人になったので、**登場人物の数も変化**していますね。

さて、右の文章の中では特に、**「重くのしかかってきた」**に注目します。

竜夫は**「父の泣き顔」**と、父の友人の**「大森の言葉」**が重しとなって心におおいかぶさってきて、身動きがとれない状態になっていると考えられます。

つまり！

ここでのポイントは**「父の泣き顔」と「大森の言葉」。**

この二つが選択肢を選ぶときの**キーワード**になると考えられます。

「父の泣き顔」→父の、すでに自分とは意思の疎通ができなくなっているほどの病状について

「大森の言葉」→「運ちゅうもんを考えるとぞっとするちゃ」

このことを頭に置いておきましょう。

では、選択肢を確認しましょう。この選択肢の文も長いので、**前半と後半に分けて比較**します。

今回は特に長いので、**読点(、)で前半と後半に区切ってみます。**

ココに注目

× ア 失語症に苦しみ泣いていた父をあわれみ、蛍の季節となったら父を案内してあげたいと願っている。

○ イ いつもと違った父の様子に病状の深刻さを感じ、父を襲った運命と迫りくる死について考えている。

× ウ 川に反射した月明かりを蛍だと勘違いした自分の不安定な心をおそれ、落ちつかせようとしている。

× エ 息がつまるような父の病床を離れ、蛍の光のように美しい川面を見ることで疲れた心を癒やしている。

× オ 川縁に見たのが蛍ではなく月光であった事実を受け止めかねて、自分をだました光を呆然と見ている。

「父の泣き顔」と**「大森の言葉」**を**キーワード**とすると、それについて触れていない、ウ・オは初めに除くことができます。

ア・イ・エは父の様子について触れています。アの「父をあわれみ」という部分は本文に出てこなかったので、△にしていますが、イ・エの前半部分は本文に書かれていることなので、○です。

そこで、**後半部分**を比べます。

ア「蛍の季節となったら父を案内してあげたい」とは、本文に書かれていないので×。

エ「蛍の光のように美しい川面を見ることで疲れた心を癒やしている」は、36行目に「上流を窺《うかが》うと橋

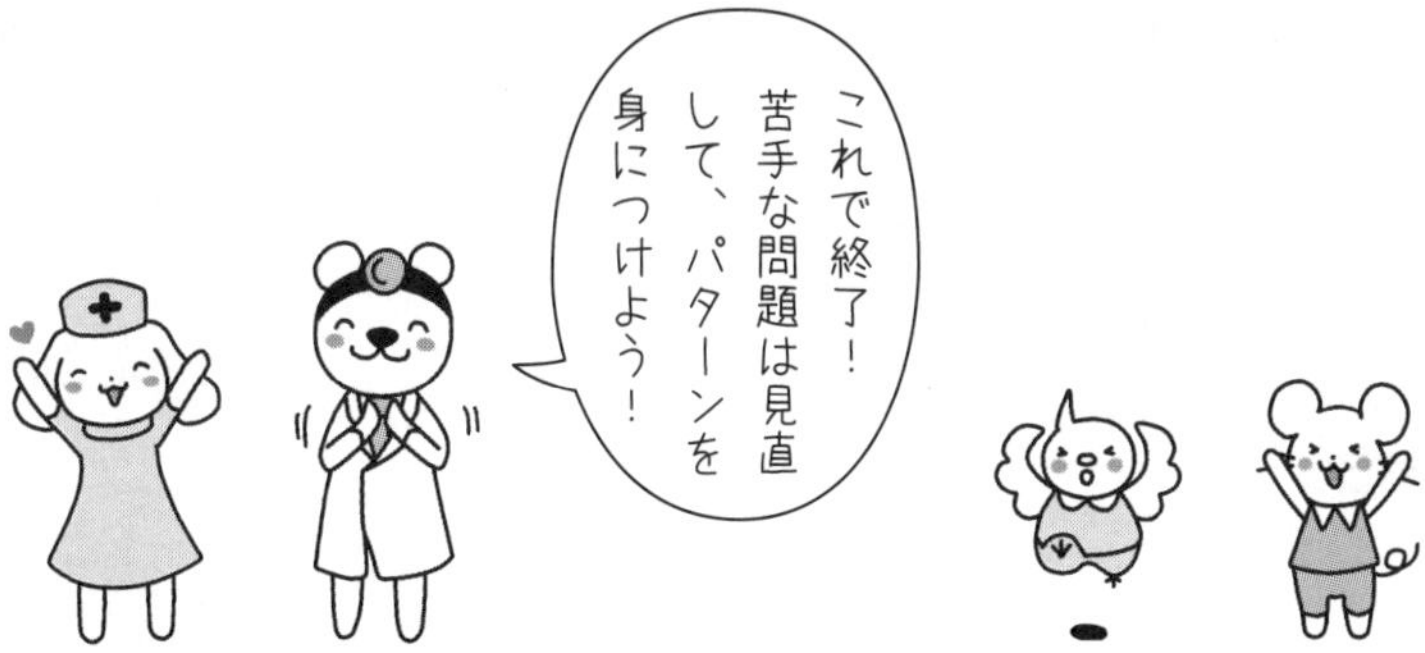
これで終了！苦手な問題は見直して、パターンを身につけよう！

の下が同じように黄色く瞬いていた」とありますが、それに対する心情は書かれていません。「癒やしている」かどうかはわからないので、×。

イ「父を襲った運命と迫りくる死」についてもはっきりと書かれていませんが、36〜37行目の「運ちゅうもんを考えるとぞっとするちゃ、という大森の言葉」にある「運」に触れているのはイだけです。

したがって、**イ**が答えになります。

このように選択肢の文が長い場合は、**前半部分と後半部分を分けて比較すること**が重要です。

読点（、）の部分などで区切って、比較する部分をはっきりさせて、前半部分と後半部分を別々に確認しましょう。

解答

問一 a 著　b 歪　c 懸命　d 嘘　e 慌　**問二** エ

問三 解答例 重竜が、何を考えているのかわからない、意思疎通のできない人物に感じたから。（三十七字）

問四 ウ　**問五** オ　**問六** イ

これで**すべての問題が終了**しました。できなかった問題、苦手な問題は見直して、設問パターンごとの考え方・解き方をきちんと身につけてください。

そして、あなたの夢の実現を目指して頑張ってください。

Profile

著者紹介

貝田 桃子 (かいた ももこ)

日本女子大学文学部卒業。
秋田大学大学院教育学研究科修士課程修了。
現在、秋田県内の高等学校教諭。
著書に、
『ここから始めるセンター古文』(文英堂)
『現代文読解ドリル』(学研)
『小論文トレーニング』(岩波ジュニア新書)
『ちびまる子ちゃんの作文教室』(集英社)など。

カバーデザイン　はにいろデザイン
紙面デザイン　福永重孝　はにいろデザイン
イラスト　江村文代

シグマベスト

看護医療系の現代文

編著者　貝田桃子
発行者　益井英郎
印刷所　中村印刷株式会社
発行所　株式会社　文英堂
〒601-8121　京都市南区上鳥羽大物町28
〒162-0832　東京都新宿区岩戸町17
(代表)03-3269-4231

●落丁・乱丁はおとりかえします。

Σ BEST シグマベスト

専門学校受験

看護医療系の現代文

これで合格

問題編

文英堂

Contents

Stage2

設問パターンごとの考え方と解き方

item 1 接続語・指示語の問題 …… 2
2 傍線問題 …… 5
3 空欄補充問題 …… 8
4 抜き出し問題 …… 11
5 記号選択問題 …… 15
6 記述問題 …… 19
7 小説の問題 …… 22
8 総合問題【評論】 …… 25
9 総合問題【小説】 …… 29

item 1

接続語・指示語の問題

⇩本冊 p.32〜43

● 次の文章を読んで、あとの問いに答えなさい。

【市立函館病院高等看護学院・改】

孔子《こうし》の弟子である子貢《しこう》が、旅の途中で、汗にまみれながら畑を耕している老人に出会った。老人は井戸から瓶《かめ》に水を汲《く》み、えっちらおっちら畑に運んでいる。労力ばかりかかって、いっこうに能率があがらない。子貢は見かねて、

「水汲みなら、*はねつるべという便利な機械がある。それを使えばわずかな労力で簡単に水を汲み出すことができますよ」と教えてやった。

すると老人は、

「それぐらい知っているさ。 A 、機械を持っていると、機械を使う仕事（機事《きじ》）が増える。そうなると機械に頼る気持ち（機心《きしん》）が生まれて、ますますそれに頼ろうとするだろう。機械に頼るばかりになってしまったら、いったい、どこに人間の精神が残るというのかね。わしは道具を知らずに使わないのではない。そんなものを使うことで、精神が汚《けが》れるのがいやなのさ」と答えた……。

*『荘子《そうじ》』に書かれた話であるが、もちろん、実話ではない。（中略）

人間は、たいへん非力な生き物だ。だからこそ、その力を補うために道具を生み出してきた。それによって文明が興り、文化が創造されたのである。人類の歴史は、つねに機械の発明・発達史とともにあった。いや、道具や機械の発達こそが、人類史を織りなしてきたと言うべきであろう。

では、なぜ、人間は道具を発明してきたのか。なにより、自然から身を守るため、生活の糧《かて》を得るためだ。つぎに、自分の肉体を使う日々の労働から解放されて楽をしたい、という欲求のゆえだった。どうして楽をしたいのか。もっと心豊かに暮らしたい、と考えたからである。それには生きていくための労働を最小限にとどめ、それによって得た時間を、人生の愉《たの》しみに当てるようにしなければならない。そこで、人間は必死になって、より便利な道具や機械を発明してきたのだ。

ところが、どうだろう。その結果、皮肉なことに、荘子が説いた「機心」がふくらんで、人間は機械に頼るばかりになり、そのあげく、生活はいっそう忙しくなっていった。そして、人間の精神は、いよいよ貧しくなってしまったのである。

便利になれば時間が余るはずなのに、その余った時間に「機事」が入り込む。産業革命の動力源となった蒸気機関が発明されると、それを利用して、数々の機械が生み出された。「さあ、機関車を作れ！　レールもいるぞ。工場にはもっと人手が必要だ！」。

こうして機械の発明は、さらなる労働を要求することになった。

いや、二百年も前の例をあげるまでもない。夜遅く、都心の高層ビルを見上げてみるといい。深夜近くまで明かりが消えることがない。みな、働いているのだ。ファクシミリ、インターネット、電子メール……通信革命は、わざわざ人に会いにいく時間を、どれほど節約させたことか。コンピューターが面倒な計算を瞬時にやってくれるなら、人間はもっと楽になって、一週間に一日だけ働けばいいくらいの余裕を持ち得るはずではないか。

だが、そうはならない。「機事」が「機心」を増大させ、「機心」が仕事をいよいよ増やしていく、という果てしないイタチゴッコが始まったのだ。そのあげく、心豊かに生きる時間は、どんどん奪われてしまった。愉しみのための時間、思索の時間、あるいは無為に過ごすゆとりの時間が。[B]、しまいには心の平安までが奪われてしまうのだ。この成り行きは、まさに文明の逆説でなくて何だろう。

しかし、だからといって、ぼくは原始生活に戻れ、などと言うつもりはない。ただ、これからの世界では、「何のために？」という目的意識を持たないかぎり、人間らしく生きることがいよいよ困難になっていく、ということを警告したいのだ。

でなければ、我々は、荘子が教えたように、ただ「機事」に追いまくられながら生涯をかけぬけ、「機心」のまま死んでゆくことになってしまうであろうから。

（森本哲郎『この言葉！』）

【注1】はねつるべ＝てこの原理を応用した、井戸の水を汲み上げるための機械。

【注2】『荘子』＝中国古代の思想家である荘子（荘周）の著書の名。

問一　A・B に入る言葉として、最も適切なものを次の中からそれぞれ選び、記号で答えなさい。

ア　たとえば　　イ　そして　　ウ　では　　エ　または　　オ　だが

A

B

問二　傍線部「それ」とあるが、何を指しているか。一語で答えなさい。

item 2 傍線問題

⇩本冊 p.44〜59

● 次の文章を読んで、あとの問いに答えなさい。　【京都桂看護専門学校・改】

いわゆるクレーマーの存在がクローズアップされるようになって久しい。難癖のような文句をつける、しつこく苦情を述べ立てる、リンチのような責任追及をする……。これをただちに、消費者の、あるいは市民の、権利意識が高まってきたしるしだと言うのは早計である。わたしにはこれは、①言葉の攻撃性とは裏腹に、とても受動的な姿勢に映る。社会サーヴィスを提供する者たちに、クレーマーは「わたしたちをもっと安心してサーヴィス・システムにぶら下がっていられるようにせよ」と言い張っているようにしか見えないからだ。苦情をぶつけるだけでみずから問題解決に取り組もうとはしない。こうした光景を、いつでもだれかがそれぞれの場所できちんと務めを果たしているはずだという②「相互信頼の過剰」から、何か不全が起こるといつもみんなが責任転嫁しようとするという「相互不信の過剰」へと時代が反転しつつある、というふうに表現したひともいる。それにしてもひとびとはいつからこうも受け身な存在になったのだろう。

出産すること、食材を調達すること、調理すること、排泄物《はいせつぶつ》を処理すること、治療すること、看病すること、育てること、教えること、介護すること、看取《みと》ること・葬送すること、これら生きてゆくうえで一つたりとも欠かせぬことの大半を、ひとびとはいま社会の公共的なサーヴィスに委託している。医療機関に、学校に、行政サーヴィスに、福祉サーヴィスに、あるいは外食産業に、流通業者に、公益業者に。とどのつまり、社会システムからサーヴィスを買う、あるいは受けるのである。

「生老病死」と言われるいのちのベーシックスは、現代社会ではこのように、公共的な社会システムが面倒をみることになっており、そのプロのサーヴィスに税金を、あるいはサーヴィス料を支払うことで、安心して暮らせるようになっている。寿命は大きく伸び、子どもたちも高学歴になり、いろんな面で安心・安全がきちんと保障される社会になってきている。これは福祉の充実(安心と安全)と世間では言われるが、しかし、裏を返して言えば、これは各人がこうした自活能力を一つ一つ失ってゆく過程でもあるのではないだろうか。

じっさいこれら「生老病死」の世話は、ほんの数十年前までは、家庭のなかで、あるいは近隣住民のあいだで、協力してなされてきた。出産も介護も治療・看病も看取りも、さらには調理、排泄物処理、子育て、教育、葬儀も、ほとんどが自宅もしくは地域住民によって担われてきた。ところが社会サーヴィスの充実とともに、それらのプロセスをひとはプロのサーヴィスに委託するようになった。しかしそうしたサーヴィス・システムが完備してゆくなかで、みずからの手でそれらをおこなう能力をしだいに失っていった。調理、医療、教育だけではない。かつては地域にもめごとが起こったときも、だれかがその仲裁にあたり、なんとか事をおさめていったものだが、そういう問題解決の能力、ひとびとのあいだに合意をとりつけてゆく能力もわたしたちは失ってしまい、何ごとも役所や弁護士に任せる③ありさまである。

(鷲田清一『わかりやすいはわかりにくい?』)

問一 傍線部①と筆者が言うのはなぜか。最も適切なものを次の中から一つ選び、記号で答えなさい。

ア 言葉こそ攻撃的だが、彼らの態度が自信なげに見えるから。
イ 言葉こそ攻撃的だが、彼らの主張には説得力がないから。
ウ 言葉こそ攻撃的だが、彼らは自分を安心させろと要求しているにすぎないから。
エ 言葉こそ攻撃的だが、彼らに義務を果たそうとする意識が見えないから。
オ 言葉こそ攻撃的だが、彼らの要求には受動的姿勢を期待する様子が伺えるから。

問二　傍線部②を具体的に説明しなさい。

問三　傍線部③という表現を筆者が用いた心理はどのようなものか。最も適切なものを次の中から一つ選び、記号で答えなさい。

ア　「わびしい」という心理
イ　「腹立たしい」という心理
ウ　「見事だ」という心理
エ　「さみしい」という心理
オ　「なさけない」という心理

item 3

空欄補充問題

⇩本冊 p.60〜71

● 次の文章を読んで、あとの問いに答えなさい。

【福島看護専門学校・改】

重症患者ばかりの入っている病棟に入院したことがある。不思議に思えたのは、明日にも死を迎えるかもしれない人々にも「 A 」があることだった。検温、点滴、回診、検査、食事、自由時間と繰り返される毎日は、すべて他人との接触やかかわりで埋められている。病棟のなかでさえ、他人から悪く思われまいとする思惑や、少しでも重んじられたいという見栄があり、そういうものがあるかぎり、人間は気を紛らわし、自分というものの本当の姿について考えないようにしていられるのである。だから*パスカルは『パンセ』のなかで次のように言っている。

小さな事に対する人間の感じやすさと、大きな事に対する人間の無感覚さとは、奇怪な転倒のしるしである。（一九八番）

死という大きな事に対しては無感覚で、その代わり死ぬ何時間か前まで、隣人のなにげない片言や、友人の口もとに浮かんだ薄笑いなどを気にして、死を考えないで済ませていられるというようなのが、人間存在の持つ喜劇性の現われだというほどの意味であろう。もっとも、生きるということはまさにこのような喜劇性を演じ続けることでもあるのだから、わが身に即せば、これをまで笑ってしまうことは誰にも許されまい。私もまた毎日「小さな事に対する感じやすさ」を持つおかげで、明日わが身を襲うかもしれない運命の異変に「無感覚」でいられるのである。つまり困難で恐ろしい事は考えないで済ませることができるのだ。

重症患者を多数抱える病棟の、必ずしも惑乱していない様子。ときには［B］顔が戸口からのぞかれ、笑い声さえ聞こえる、静かで落ち着いた雰囲気。私はかつてそういう病室の空気を遠望して、異様な思いがしたものだった。患者たちはなぜ泣き喚《わめ》かないのだろう。なぜ髪を掻《か》き毟《むし》り、目を血走らせて廊下を走ったりしないのだろう。そんな気力も消え果ててしまったのだろうか。そうかもしれない。しかし、そうばかりではなく、どんな状況にあっても、人は小さな関心事に心がとらえられることにおいて生き続けられる存在なのかもしれない。

パスカルはこんなふうにも言っている。

> 人間というものは、どんなに悲しみで満ちていても、もし人が彼をなにか気を紛らすことへの引き込みに成功してくれさえすれば、そのあいだだけは幸福になれるものである。（一三九番）

そういえば、あと生命は何日かと思われていた重い患者の病室から、巨人＝阪神戦のナイターのテレビ放送音が聞こえていたのを覚えている。

人間が生きるとはなんという痛ましく、悲惨なものであろう。自分の力のとうてい及ばない事柄に対しては、人間は考えないで済ませてしまうという防衛本能を備えているのかもしれない。しかしまた、他方からみれば、人間はなんという［C］を身につけている存在なのであろう。死の直前まで自分を維持し、惑乱しないでいられる心の構造はどういう仕組みになっているか分からないものの、それに対し私はやはり畏敬の念を覚えずにはいられない。

（西尾幹二『人生の価値について』）

【注】パスカル＝フランスの学者。『パンセ』はその思索録。

問一 [A]に入る最も適切な語句を次の中から一つ選び、記号で答えなさい。
ア 生存意欲　イ 社会生活　ウ 演戯力　エ 自己顕示欲

問二 [B]に入る最も適切な語句を次の中から一つ選び、記号で答えなさい。
ア 屈託した　イ 屈託のない　ウ 覇気《はき》にみちた　エ 覇気のない

問三 [C]に入る最も適切な語句を次の中から一つ選び、記号で答えなさい。
ア 強さ　イ 弱さ　ウ 運命　エ 情熱

item 4

抜き出し問題

⇩本冊 p.72〜85

● 次の文章を読んで、あとの問いに答えなさい。

【三友堂看護専門学校・改】

教員一年目、六年生に社会科を教えていたときのこと。その日の授業は、聖徳太子が制定したと言われる「十七条の憲法」について（現在では、「聖徳太子は実在しなかった」という説もあるようだが……）。

「第一条では、『みんな仲良くしなさい』ということを言っているんだよ」

「第二条では、『仏教を篤《あつ》く信仰しなさい』ということを言っているんだよ」

まずは、教科書に書いてある必要最低限の内容を教える。だが、僕は日頃から、知識の伝達を行うためだけの一方通行的な授業にはしたくないと考えていた。そこで——。

「じゃあ、教科書を閉じてください」

子どもたちは戸惑いながらも、言われたとおりに教科書を閉じる。僕は続けた。

「いまから、みんなには聖徳太子になってもらいます」

僕の言葉に、子どもたちはますます目を白黒させる。

「いまも勉強してきたように、聖徳太子は、何とかこの世の中を平和にしたいと願って、この『十七条の憲法』をつくりました。じゃあ、みんなもいまから聖徳太子の気持ちになって、この世の中を平和にするための〝第十八条〟を考えてみよう」

「えーっ」という悲鳴とも歓声ともつかない声をあげながら、子どもたちが机に向かう。数分後、数々のユニークな条文が誕生した。

食いしんぼうの女の子が、たどたどしい口調でノートの文字を読みあげる。

「えーっと、食べものが余ってたら……分けてあげる」

教室から、どっと笑い声が起こった。つぎに手をあげたクラス一の秀才君は、やや早口でまくしたてた。

「力のある豪族からは、より多くの税金を取る」

これには、「おーっ」というどよめきが起こった。

もちろん、フッーに考えれば秀才君の考えたアイディアのほうが優れているのかもしれない。だが、僕はどちらにも等しく「○」をつけた。僕の評価の観点は、「平和な世の中を実現するための憲法を、自分の頭で考えることができたか」。だから、「食べものを分けてあげる」だって、オッケーなのだ。

ただ驚いたことに、子どもたちのノートを見て回ると、何も書けていない子がクラスの半分近くもいた。記号に○をつける選択式問題には強いが、自分なりの考えを書かなければならない記述式問題は苦手――日本の子どもたちには、そんな傾向があると耳にはしていたが、まさにそうした場面を目の当たりにする結果となったのだ。

だが、子どもたちがこうした問題を苦手とするようになったのは、彼ら自身に責任があるのだろうか。僕はこれまでの教育のあり方を考えると、「仕方ないのかな」と思ってしまうのだ。

僕らは、授業で「これが正解だ」と教えられ、それを必死になって記憶してきた。そして、テストという場でいかにその記憶を正確に取りだすことができるかを問われてきた。記憶が正しければ正しいほど、いい点数が取れた。それを A だと思いこんできた。

ところが、社会に出てみて、愕然《がくぜん》とする。「正解」や「模範解答」が存在する問題などほとんどない。どれもが B が求められることばかり。だからこそ、僕らは社会に出て、「あなたなら、どうしますか?」と問われたときに、「いったい、どうしたらいいのだろう……」と、戸惑い、凍りついてしまうのだ。無理もない。そんな練習は、家庭でも、学校でも、ほとんど積んでこなかったのだから。

もちろん、知識をおろそかにすることはできない。知識が豊富であればあるほど、思考の幅は広がり、すぐれたアイディアも生まれやすくなるだろう。だが、いくら重要だとはいえ、知識とは、あくまで思考のための、生きていくための手段に過ぎない。にもかかわらず、日本では、「学び＝知識を詰めこむこと」と誤解されてきた。

「君なら、どうする？」

そんな問いを意識的にぶつけていくことで、模範解答に頼らない「自分なりの答え」を生みだせる子どもに育てていくことができるのかもしれない。

子どもたちは、「自分の頭で考え」、「自分の判断で動き」、「自分なりの答えを出す」ことが苦手だった。それは、あるいは小さな頃からの親の言葉がけによるものかもしれない。それは、あるいは知識偏重の教育システムによるものかもしれない。しかし、僕はもっと根本的なところにも原因があるような気がしていた。

子どもたちを見ていると、どうも自分に自信がなく、おどおどしているように思えた。他人にどう思われるかを、必要以上に気にする傾向。だから、一番手として発言することを極力避けようとする。

「なるほど、みんなはこう考えているのか」

まわりの空気を読んでから、手を挙げるためだ。もちろん、自分の頭のなかで考えていることがクラス全体と異なっていれば、口をつぐんでやり過ごす。少数派になることは、彼らにとって「絶対に避けなければならないこと」だった。

（乙武洋匡『自分を愛する力』）

問一 [A] に入れるのにふさわしい二字熟語を本文中から抜き出し、漢字で答えなさい。

問二 [B] に入れるのにふさわしい言葉を本文中から九字ちょうどで抜き出しなさい。句読点は数えません（以下同）。

□□□□□□□□□

問三 傍線部「学び＝知識を詰めこむこと」とはどのようなことか。答えとしてふさわしいと考えられる部分を本文中から十一字ちょうどで抜き出しなさい。

□□□□□□□□□□□

item 5

記号選択問題

⇩本冊 p.86～101

● 次の文章を読んで、あとの問いに答えなさい。

【イムス横浜国際看護専門学校・改】

運転席に座った北澤医師が「在宅ケアの目的って、何だろう」と看護実習生の竹節さんにふたたび質問しました。初めての訪問診療の同行で、竹節さんはとても密度の濃い時間を過ごしています。出発前の心細そうな雰囲気は、消えています。

「コミュニケーションがだいじだと思いました」と竹節さんは答え、「でも、私はほとんどお話ができませんでした」と肩を落としました。もどかしさが募っています。

「いいとこに気づいたなぁ。コミュニケーション、大切だよ。それが欠けたら、在宅ケアはアウトや。きみは、なぜコミュニケーションができなかったのかな?」と北澤医師。

「どういう話をしていいかわからなくて…。患者さんのことを知らなくて…」

「そうだな、相手を知るってだいじだよ。世のなかの常識や医療の知識が足りないのは、これから勉強して身につければいい。でも、患者さんや家族の人柄や、その人が求めていることをつかもうとする姿勢は、ずうーっと持ち続けなければいけない。じゃあ会話ができなかったら、相手のことはわからないの? 他に方法はない?」

「しっかり見て、よく観察することです」

「大井さんの家に表彰状やトロフィーが飾ってあったの覚えてるか」

「えっ、ああ、すみません。見ませんでした」

「あの人が、昔、日本各地の山奥の辺地へ単身赴任して、通信用の鉄塔を次々と建ててきたことが表彰されてるよ。

からだを張って生きてきた証《あかし》やね。トロフィーは地域のスポーツ大会で優勝したときのもの。人生の最後の坂道だけでは見えないことが、家のなかにはいっぱい、詰まってる。ベッドは玄関入ってすぐ横の一番日当たりがいい、家族や友だちが集まる居間に置かれてたやろ」

「はい」。竹節さんはメモをとりながら聞いています。

「家族に患者さんが大切にされているから、あそこにベッドがあるんや。家が狭ければ話は別だけど、部屋数がある家で、家族が行き交う台所や居間の近くにベッドが置かれていたら、その患者さんはだいじにされている。いくら大きな家とはいえ、家族が通らない部屋に離れて置かれていたら、家族の気もちも遠ざかっている。相手を知る方法は会話や観察の他にもある。僕が訪問先で手料理に箸《はし》をつけてるのは、どうしてだと思う？」

「せっかく作ってくれたものを食べないのは失礼だから…」

「まぁ、それもある。以前、実習にきた医学生は、先生、そんなにお腹が空いてたんですかって言いやがった。ははは。違うよ。手料理を食べれば、その家の味付け、塩分の加減がわかるやろ。甘さ、辛さ、しょっぱさで、アドバイスできる。食べ物で生活のようすも察しがつく。だから食べてるよ。①お店で買ってきて出されたものは、食べません」

「なるほど」とうなずいた竹節さんは、何も考えず、おいしい、おいしいとパクついたじぶんが、ちょっと恥ずかしくなりました。

「でもなぁ。相手を知って、コミュニケーションをとることを、よーく考えてごらん。それも在宅ケアの手段だろう。患者さんや家族と気もちを通わせると、それ自体には達成感があるけど、僕らは友だちになるためにやってるんやない。寄り添って、支えるという医療者の使命がある。じゃあ、何のために患者さんに寄り添って、支えるのか…」

「生活を支えるのだと思います」と竹節さんが、答えました。

「そう、それ。僕は、最後まで、その人らしく生きてもらうために寄り添って、生活を支えようと思ってる。②病名が先にくる患者としてではなく、世界でたった一人の、その人らしく生きてもらうこと。それが在宅ケアの目的やね。人生最後の坂道だけでは見えない、その人らしい山あり谷ありの人生模様や、世のなかでの役割がわかってきたら、同じ人間として深い共感が湧いてくる。そこが医療者には大切だと思うな」

竹節さんは、メモに「その人らしさ」と強く書きつけました。彼女は、中学生の頃、課外授業で高齢者のデイサービス(通所介護)施設に行ったのがきっかけで、看護師を目指すようになりました。「お年寄りとレクリエーションをやって、お世話するのが性に合いました」と言います。介護福祉士にも興味があったのですが、医療との結びつきが大きいほうが後々の選択の幅が広がると考えて、看護学校に入りました。

初めての臨地実習は、看護学校の授業では学べなかった人との関わり合いの難しさ、使命の重さを強く印象づけられるものでした。「まだ、何もできないけど、がんばってみます」と竹節さん。地域に根づく医療の最前線は、若い担い手を必要としています。

そして、訪問診療カーは、今日もさまざまな人生の物語をつむぎながら走っていきます。

(山岡淳一郎『医療のこと、もっと知ってほしい』)

問一 傍線部①の理由として、最も適切なものを次の中から一つ選び、記号で答えなさい。

ア その家固有の味付け、塩分、生活のようすの参考にならないから。
イ その家以外の場所で作られたものの衛生状態が信用できないから。
ウ 実習できている医学生に食いしん坊を馬鹿にされたことがあるから。
エ せっかく家族が作ってくれた食事を食べないのは失礼にあたるから。
オ 何も考えずおいしいとパクつくようでは看護学生と変わらないから。

□

問二　傍線部②の意味として、最も適切なものを次の中から一つ選び、記号で答えなさい。

ア　命に関わる病気のため何よりも優先して病名が重要である患者
イ　その人らしさを持った個人としてではなく医療の対象として扱われる人
ウ　病名が五十音順で先にくる患者
エ　医療の対象としてではなくその人らしさを持った個人として扱われる患者
オ　死期が近いため皆で病名を共有し特別な医学的配慮をする患者

問三　北澤医師の考えとして最も適切なものを次の中から一つ選び、記号で答えなさい。

ア　患者や家族と気もちを通わせ友だちになることがまず大事である。
イ　患者や家族の人柄や思いを様々の手段で読み取ることが大事である。
ウ　会話や観察以外の方法で出来る限り情報を知ることが大事である。
エ　同じ人間としての深い共感に基づいて生活を支えることが大事である。
オ　関わり合いの難しさ、使命の重さを意識して実習に臨むのが大事である。

item 6

記述問題

⇩本冊 p.102〜117

● 次の文章を読んで、あとの問いに答えなさい。【こまつ看護学校・改】

勉強するといいことがあるのだが、それが何だか、おわかりだろうか。勉強するといちばんいいことは、知識が増えること以上に、頭が良くなるということなのだ。

「勉強すると頭が良くなる」ということは意外に見落とされているが、「なぜ勉強をするのか」という問いへの一つの端的な答えである。運動すると運動神経が良くなる。運動部に入って何年かやっていると、元はそんなに動きが鋭くなかった人でも、ある程度、体が動くようになる。それと似ている。勉強すると頭が良くなる。頭が良くなると同時に心のコントロールもうまくいくようになる、というのが大方の筋道だ。

勉強しすぎて、ものすごくキレやすくなったという人の率よりも、ぜんぜん勉強しないでブチキレている人の率が圧倒的に高い。勉強すると頭がおかしくなるかのような言説をまき散らす人がいるが、基本的にそういうことはない。

①勉強というものをすることによって、ある種の自制心という、メンタルコントロール（心の制御）の技術も学ぶことができる。そういう心の技がセットで付いてくるわけである。これは、言ってみると人類の長年の知恵である。

考えてみれば当たり前のことにすぎない。勉強するということの基本は、人の言うことを聴くことである。耳を傾けて我慢して聴くという心の構えが求められる。「おれが、おれが」という自己中心的・独善的な態度を一度捨てる必要がある。「自分に理解できないことは全部価値がない」という、自分の好きか嫌いかが世界をすべて決めるという態度では何も学べないのだ。

先人たちの発見したことに対して耳を傾け、しっかりと聴くということが、学ぶということの基本だ。そうした学ぶ構えができている人は、ほかの人に対しての意識を持つこともできやすい。人の言葉を聴いている間は、自己中心的な態度をやめているということだからだ。

本を読むということも、同じく聴く構えを要求される。著者に対して一〇〇パーセント同意するのではないまでも、耳を傾け虚心坦懐《きょしんたんかい》に、つまり心をすっきりさせて、読むわけだ。もちろん反発もあるかもしれないが、まずは相手の言っていることを受け入れてみようという、「積極的に受動的な構え」を、勉強・読書を通じてつくり上げる。これが学ぶ構えの基本なのだ。

学ぶ構えの基本は、受動的であることに積極的な②「積極的受動性」である。自己表現の意欲があるのは構わない。表現するためにいろいろなものを読んで、自分のものにしてそれで表現するのが、筋道なのだ。モーツァルトが音楽の技法・文法を修得して表現したように、である。

知識や技を吸収するときには、人の言っていることに耳を傾けるという素直な態度が必要である。素直であるということが、学ぶという活動そのものの持っている本質なのだ。

（齋藤孝『教育力』）

問一 傍線部①はどんなことを言っていますか。六十字以内で説明しなさい。

問二　傍線部②はどんなことを言っていますか。四十字以内で説明しなさい。

item 7

小説の問題

⇩本冊 p.118〜131

● 次の文章を読んで、あとの問いに答えなさい。

【勤医会東葛看護専門学校・改】

僕と今井花香は中学二年生。花香は将来のオリンピック候補と言われた水泳選手だったが、自転車で転んで足に怪我をしてから、泳ぐことをやめてしまっていた。

「ただ泳ぐだけなら誰でもできるでしょう。あんただって泳げるぐらいなんだから。でも、私の泳ぎは、そういうのとは違う……分かんないでしょう、こんなこと言っても」

「いや」何となく分かった。一流の選手は、みんなこんな感じなのだろう。

「勝つことの面白さが分かってきて、そのためなら何でも犠牲にしてもいいって思ってた。でも、こんなんじゃどうしようもないのよ。怪我してから初めて水に入った時、全然違ったから。ショックだった。それまでは、泳ぐことなんて歩くのと同じだったのに、水が凄《すご》く重くて、①全然前に進まなかった」

「それで泳ぐのをやめちゃったのか？　ずいぶん諦めが早いんだな」

「半年泳がないだけだったのに、全部忘れてた……私、四歳の時から何年も泳いできたのよ。一日何時間もね。それでやっと、突き抜けるような感覚が分かってきたのに」

「突き抜ける？」

「水の抵抗がなくなって、逆に後ろから水に押されるような感じ。それが全部消えちゃって、泳いでも苦しいだけだった。何年もかけてやっと体で覚えたのに。それを取り戻せるかどうか……ずっと積み重ねてきたものを、あんな馬鹿な事故でなくしちゃったのよ」

　花香が、②燃え上がるような目つきで僕を睨《にら》んだ。顔を水につける——炎と水がぶつかり合い、炎が勝った。ざぶりと体を沈めると、水の中から僕を見上げる。揺れる水の中で、しっかりと炎が燃えていた。レベルが高いが故に、花香はもどかしさに身悶《みもだ》えしたのだ。言うことをきかない体。失われる技術。だけど、水泳選手としての彼女は死んでいない。自棄《やけ》になったつもりで、自分の力にまだすがっている。彼女の目に宿った炎は、超一流の選手だけが持つ本能の光なのだ。

　誰かが背中を押してやりさえすれば。

　花香が顔を上げ、両手で水をぬぐった。目が真っ赤になっている。

「もういいでしょう？　③放っておいてよ、お願いだから」

「ちょっと待てよ。二回目だったら、もっと早いんじゃないか」

「え？」

「四歳から始めて、ジュニア記録を出したのが十一歳の時だろう？　七年かかってるんだよな。でも、一度やったことだから、今度はもっと早くできるんじゃないか。それに、これから七年経ってもまだ二十一歳だぜ」

　花香がうつむき、顎《あご》を水につけた。

「今井？」

　顔を上げた花香の目には、まだ炎が浮かんでいる。だけどそれは憎しみや悔しさが燃やす炎ではなく、自信、あるいは闘志の表れのようだった。


（堂場瞬一『少年の輝く海』）

問一　傍線部①はなぜか。「～のため」につながる形で、本文中より四字の語句を抜き出しなさい。

のため

問二　傍線部②に現れた花香の気持ちはどのようなものか。本文中より七字の語句を抜き出しなさい。

問三　傍線部③は、花香のどのような気持ちから出たと考えられるか。「〜気持ち」につながる形で、本文中より六字の語句を抜き出しなさい。

気持ち

item 8

総合問題【評論】

⇩本冊 p.132〜155

●次の文章を読んで、あとの問いに答えなさい。

【一宮市立中央看護専門学校・改】

いま、あなたが百数十年前の日本にタイムスリップしたと想像してみてほしい。場所は、東北のとある山村地帯。あなたは、そこで暮らすひとりの若い女性に[a]チャクモクする。毎朝、鶏の鳴く前から起きだして、川に、山に、畑に休む間もなく働く女性――「とんでもない労働量だな」と、あなたは、きっと目をむくことだろう。けれど、何カ月何年と観察するうちに、ひとつの疑問が[b]ノウリに浮かんでくる。

「この人、この村から出たことがあるのだろうか?」

小さな村のなかで一日が[c]カンケツする生活。それが、ほんの百数十年前までの、平均的な日本人の暮らし方であった。特に女性の場合は、せいぜい隣村に嫁ぐことが人生最大の大移動。当時の多くの日本人にとって、「世界」は、歩いて日帰りできるだけの範囲――半径二〇キロメートルほどの広がりしかなかったのである。

[d]翻って、百数十年後の現代日本を眺めてみる。いまでは、ひとりの人間が日帰りできる範囲は、自動車を使えば半径二〇〇キロメートル、航空機を使えば一〇〇〇キロメートルを優に超えている。「アジア日帰り圏」などという言葉さえ出てくるぐらい、わたしたちの行動できる「世界」は、ぐんぐん広がっているように見える。

激変したのは交通手段ばかりではない。現代は、ヒト・モノ・カネ・技術・情報が、ボーダーレスに、つまり「境界なし」で交流する時代である。ラジオからテレビ、そしてインターネットへと、さまざまなメディアが登場・普及し、情報環境が劇的に変化して、わたしたちが認識できる「世界」は限りなく広がったようにも見える。「[X]」と強弁する人がいたとしても不思議ではないだろう。

A、わたしたちの「世界を知る力」は、単純に、交通手段や情報環境の発達と正比例して向上するものだろうか。

残念ながら、答えは「否」である。

人間は、所詮、時代の子であり、環境の子である。わたしたちの認識は、自分の生きてきた時代や環境に大きく左右される。ある意味、①閉じ込められているといってもいい。認識できる「世界」はきわめて限定的なのであり、時代や環境の制約によって、認識の鋳型《いがた》ができてしまうから、場合によっては、大きく歪《ゆが》められた「世界」像しか見えなくなることもある。わたしたちは、そういう宿命を背負っているのである。

B、「世界を知る」といいつつ、実は、偏狭な認識の鋳型で「世界」をくり貫《ぬ》いているだけということが生じたりする。鋳型が同じであるかぎり、eダンペン的な情報をいくら集めたところで、「世界」の認識は何も変わらない。固まった世界認識をもつことは、「世界」が大きく変化する状況では非常に危険なことである。

一方で、これほど情報環境が発達したにもかかわらず、「世界を知る」ことがますます困難になったと感じている人も増加している。果てしなく茫漠《ぼうばく》と広がり、しかも絶えず激動する「世界」が、手持ちの世界認識ではさっぱり見えなくなってきているからだ。C、②ただ漫然とメディアの情報を眺めているだけでは激流に呑《の》み込《こ》まれてしまう。

いまこそ、時代や環境の制約を乗り越えて、「Y」を高めることが痛切に求められているのではないか。

（寺島実郎『世界を知る力』）

問一 傍線部a～eについて、カタカナは漢字に、漢字はかなに直しなさい。

a

b

c

d

e

問二　A　B　C　に入る言葉として、最も適切なものを次の中からそれぞれ選び、記号で答えなさい。

ア　だから　イ　ところで　ウ　だが　エ　たしかに　オ　ただし

A　　B　　C

問三　X　に入る文として、最も適切なものを次の中から一つ選び、記号で答えなさい。

ア　わたしたちは、世界を自分の手の中に置くことができる
イ　わたしは、いながらにして世界のすべてを知ることができる
ウ　わたしには、手にすることができないものはない
エ　わたしは、何もせずに世界を旅することができる

問四　傍線部①について、これはどういうことか。その説明として最も適切なものを次の中から一つ選び、記号で答えなさい。

ア　自分の持ちうる情報の入手経路は自然と決められ、制約の上で蓄積されるということ。
イ　自分の持つ世界観は、自分が見聞きする世界情勢によってのみ作られるということ。
ウ　自分の持つことのできる認識は、世の中の認識以上に広がることはないということ。
エ　自分というものは、他者との関わりで生じるもので、固有の考えなどはないということ。

問五　傍線部②とあるが、なぜか。説明しなさい。

問六　Y に当てはまる語句を本文中より六字で抜き出しなさい。

item 9

総合問題【小説】

本冊 p.156〜175

● 次の文章を読んで、あとの問いに答えなさい。

【東京山手メディカルセンター附属看護専門学校・改】

完全に寝たきりになった重竜は、表面的な機能障害よりも、更に深い部分の衰亡がイチジルしかった。二度目の発作と同時に、［A］。失語症であった。医者はまだまだ症状の悪くなっていくことを告げ、もはや回復の困難なことをほのめかした。

その夜、竜夫は病院の一室で語れぬ父に話しかけた。＊大森に、父の若いころの写真を見せてもらったことを伝えると、重竜は顔をユガめてただ笑っていた。言っている意味が、ちゃんと伝わっているのかよくわからないまま、竜夫は一語一語根気よく話し続けた。

「銀蔵爺《じい》ちゃんと螢《ほたる》を見に行くがや。ものすごい螢の大群やと。螢はいつごろ出るがやろか?」

重竜は口を開けて、一心に言葉を探っているふうであったが、やがて竜夫の目を見つめながら、

「……いね」

と言った。

「いね?」

帰れという意味かと竜夫は思った。だが重竜は左手で竜夫のベルトをつかんでいた。

「帰ってええがか?」

重竜はいやいやをするように首を振って、また何かを考え込んでいた。そんな重竜の姿から竜夫は得体の知れない恐怖に似たものを感じた。

「螢を見に行くちゃ。いたち川の上流で、雪みたいに螢が飛んどるがや」

「ほたるが……、ほたるがたつおに……」

と重竜は[c]ケンメイに言葉を吐いた。

「雪みたいに、螢が飛ぶがや」

「ゆきが……、ほたるよ。ゆきが、ほたるよ」

微笑《ほほえ》んでいる重竜の両目に涙がにじんでいた。彼は泣き笑いの表情のまま、いつまでも同じ言葉を繰り返した。

「ゆきが、ほたるよ。……ゆきが、ほたるよ」

竜夫はベルトから父の手を離そうとして立ちあがった。どこにこんな力が残っているのかと思えるほど、重竜の指はしっかり竜夫のベルトを握りしめて離さなかった。②重竜は泣いていた。子供のように泣きながら竜夫を引き寄せて、その腹に自分の顔をこすりつけた。

竜夫は怖かった。自分にしがみつき、身を捩《よじ》って泣いている父から、［B］。

「俺、宿題が残っとるがや」

と竜夫は[d]ウソをついた。

「もうすぐ母さんが来るちゃ。俺、帰らにゃならんがや」

そして、父の手首を押さえて力まかせに腰を引いた。重竜の指はやっと離れた。

市電を降り、雪見橋のたもとに立って、竜夫は夜のいたち川を見やった。月明かりの下で確かに、瞬いているものがあった。川縁の草の陰になっているらしい部分が小さく光りながら帯のように長く伸びていた。まだ螢の出る季節ではなかったが、竜夫は[e]アワてて手さぐりで草叢《くさむら》を降りていった。夜露でたちまち膝から下が濡れそぼった。川縁には何もなかった。光の加減で竜夫は騙《だま》されたのであった。せせらぎが月光を浴びてぼっと輝いているだけだった。

③竜夫はいつまでも川の縁に立っていた。上流を窺《うかが》うと橋の下が同じように黄色く瞬いていた。父の泣き顔と、運ちゅうもんを考えるとぞっとするちゃ、という大森の言葉が重くのしかかってきた。

（宮本輝『螢川』）

【注】大森＝父・重竜の友人。

問一　傍線部a～eのカタカナを漢字に直しなさい。

a

b

c

d

e

問二　A に入れるのに適切な表現を次の中から一つ選び、記号で答えなさい。

ア　重竜はいらだって口やかましくなった
イ　重竜は落ち込んで無口になっていった
ウ　重竜は奇跡的に回復するきざしを見せた
エ　重竜は急激に言葉を失っていった
オ　重竜は苦しい症状を必死で訴えた

問三　傍線部①で竜夫が「恐怖」を感じた理由を説明しなさい。

問四　傍線部②のように重竜が泣いた理由の説明として、最も適切なものを次の中から一つ選び、記号で答えなさい。

ア　父を元気づけるために螢見物にさそってくれる息子の優しさがうれしいから。

イ　寝たきりの自分を置いて早々と帰ろうとする薄情な息子の態度が腹立たしかったから。

ウ　言葉が不自由なために自分の思いを伝えられず、もどかしい思いにとらわれたから。

エ　螢が見られる時期まで生きることはできないと知っており、死の恐怖に襲われたから。

オ　衰えてきた自分の死が近いことを予感し、迫りくる息子との別れが悲しいから。

問五　B に入れるのに適切な表現を次の中から一つ選び、記号で答えなさい。

ア　いつまでも側にいたい自分であった

イ　面倒をかけられるのはごめんだった

ウ　立ち向かう勇気をもちたかった

エ　頼られて悪い気はしなかった

オ　いっときも早く逃げて行きたかった

問六　傍線部③における竜夫の心情の説明について、最も適切なものを次の中から一つ選び、記号で答えなさい。

ア　失語症に苦しみ泣いていた父をあわれみ、螢の季節となったら父を案内してあげたいと願っている。

イ　いつもと違った父の様子に病状の深刻さを感じ、父を襲った運命と迫りくる死について考えている。

ウ　川に反射した月明かりを螢だと勘違いした自分の不安定な心をおそれ、落ちつかせようとしている。

エ　息がつまるような父の病床を離れ、螢の光のように美しい川面を見ることで疲れた心を癒《い》やしている。

オ　川縁に見たのが螢ではなく月光であった事実を受け止めかねて、自分をだました光を呆然《ぼうぜん》と見ている。